Puke/Lohel/Mönkediek

Klausurentraining für Steuerfachangestellte
Zwischenprüfung 2021

# Zusätzliche digitale Inhalte für Sie!

**Zu diesem Buch stehen Ihnen kostenlos folgende digitale Inhalte zur Verfügung:**

- Online-Version ✓
- Online-Training
- Aktualisierung im Internet
- Zusatz-Downloads
- App
- Digitale Lernkarten
- WissensCheck

**Schalten Sie sich das Buch inklusive Mehrwert direkt frei.**

Scannen Sie den QR-Code **oder** rufen Sie die Seite **www.nwb.de** auf. Geben Sie den Freischaltcode ein und folgen Sie dem Anmeldedialog. Fertig!

**Ihr Freischaltcode**

BXXT-JTJU-GHZL-KVXT-ENVX-LA

www.nwb.de

# Klausurentraining für Steuerfachangestellte

## Zwischenprüfung 2021

Von
Dipl.-Finw. (FH) Steuerberater Michael Puke
Dipl.-Kfm. Jens Lohel
Dipl.-Kfm. Dipl.-Finw. (FH) Peter Mönkediek

18., aktualisierte Auflage

nwb AUSBILDUNG

Empfohlen vom **Studienwerk der Steuerberater in Nordrhein-Westfalen e. V.**
Willy-Brandt-Weg 30
48155 Münster
Internet: www.studienwerk.de

ISBN 978-3-482-**65088**-8 – 18., aktualisierte Auflage 2021



Satz: SATZ-ART Prepress & Publishing GmbH, Bochum
Druck: Elanders GmbH, Waiblingen

# VORWORT

Im Laufe Ihrer Ausbildung zum/r Steuerfachangestellten haben Sie bereits eine Menge über die Theorie und Praxis im steuerberatenden Beruf erfahren. Sowohl in der Berufsschule als auch in der Ausbildungskanzlei fehlt es allerdings erfahrungsgemäß häufig an der notwendigen Zeit, das Erlernte an Übungs- und Klausurfällen anzuwenden und somit für den Ernstfall, die Prüfungssituation, zu trainieren.

Mit dem vorliegenden Titel „Klausurentraining für Steuerfachangestellte" möchten wir Ihnen helfen, diese Lücke zu schließen. Anhand von insgesamt sieben Klausurensätzen haben Sie die Gelegenheit,

- Ihr Fachwissen auf die Probe zu stellen, mögliche Lücken zu erkennen und bis zur Zwischenprüfung zu schließen sowie
- durch Einhaltung einer Bearbeitungszeit von jeweils 180 Minuten je Klausur und Verwendung ausschließlich auch in der Prüfung zugelassener Hilfsmittel (Gesetzestexte, [nicht programmierbarer] Taschenrechner), die Prüfungssituation zu simulieren und dadurch Prüfungsangst und -stress zu vermeiden.

Zweck der Zwischenprüfung ist es, Ihren Ausbildungsstand zu ermitteln. Das Ergebnis der Zwischenprüfung ermöglicht Ihnen und natürlich auch Ihrem Ausbilder, sich einen Eindruck über den bisherigen Verlauf der Ausbildung zu machen. Sie eröffnet Ihnen damit die Möglichkeit, notwendige Weichenstellungen im weiteren Ausbildungsverlauf noch rechtzeitig vor der Abschlussprüfung vorzunehmen. Für viele Auszubildende ist ein gutes oder sehr gutes Ergebnis in der Zwischenprüfung zudem ein Anlass über eine Verkürzung der dreijährigen Ausbildungszeit nachzudenken (vgl. § 45 BBiG).

Die Zwischenprüfung findet regelmäßig im zweiten Ausbildungsjahr statt. Sie erstreckt sich auf folgende Prüfungsfächer:

1. Steuerwesen,
2. Rechnungswesen sowie
3. Wirtschafts- und Sozialkunde.

Die vorliegenden Aufgaben orientieren sich in Zusammensetzung und Schwierigkeitsgrad vornehmlich an den Anforderungen in Nordrhein-Westfalen. Bitte beachten Sie auch die Benutzerhinweise auf Seite XI dieses Buches.

Wir hoffen sehr, dass dieses Buch Ihnen die Vorbereitung auf Ihre Zwischenprüfung erleichtert und wünschen Ihnen dabei den verdienten Erfolg.

Das Buch wurde sorgfältig bearbeitet. Eine Gewähr für die Inhalte kann jedoch nicht übernommen werden. Für Hinweise und Anregungen sind wir dankbar. Senden Sie uns hierfür gerne eine E-Mail an „Steuerrecht-Ausbildung@nwb.de".

*Münster, Herne, im April 2021* *Verfasser und Verlag*

| |
|---|
| Aufgaben und Lösungen dieser Auflage entsprechen dem Rechtsstand des Jahres 2020.<br>Sie eignen sich daher vornehmlich zur Vorbereitung auf die ***Zwischenprüfung 2021.*** |

# INHALTSVERZEICHNIS

## Klausur 4



## Klausur 5



## Klausur 6



## Klausur 7

**Lösungen**

# HINWEISE FÜR DEN BENUTZER

Dieses Buch soll Sie in dreierlei Hinsicht in Ihrer Vorbereitung auf die Zwischenprüfung unterstützen:

1. Die Aufgaben orientieren sich in Zusammensetzung, Aufbau und Schwierigkeitsgrad vornehmlich an den Prüfungsanforderungen in Nordrhein-Westfalen. Damit gewinnen Sie einen möglichst realistischen Eindruck von dem, was Sie in Ihrer Zwischenprüfung erwartet.
2. Durch die Bearbeitung der Aufgaben und die **anschließende** mit den Lösungshinweisen vergleichende Kontrolle erweitern Sie Ihr Fachwissen und stellen fest, in welchen Themengebieten Sie noch unsicher sind.
3. Die Bearbeitung der Aufgaben unter Prüfungsbedingungen, also
   - die abschließende Bearbeitung der Prüfungsaufgabe insgesamt, vor Vergleich Ihrer Lösung mit den Lösungshinweisen,
   - die Einhaltung der Bearbeitungszeit von 180 Minuten je Klausur und
   - die Verwendung ausschließlich der auch in der Zwischenprüfung zugelassenen Hilfsmittel (Gesetzestexte, [nicht programmierbarer] Taschenrechner),

   ermöglicht es Ihnen, eine gewisse Routine bei der Bearbeitung von Prüfungsaufgaben zu erlangen. Sie lernen, Ihr Wissen anhand klausurtypischer Fälle anzuwenden und die zur Verfügung stehende Zeit richtig einzuteilen. Auf diese Weise verlieren Sie Prüfungsangst und vermeiden Prüfungsstress.

   Die Lösungshinweise sollen einen Eindruck von dem vermitteln, was bei der Zwischenprüfung als Antwort von Ihnen erwartet wird. Gelegentlich finden Sie darüber hinaus **„ergänzende Hinweise"**, die dem Verständnis dienen und eine Nachbereitung der Prüfungsinhalte erleichtern sollen. Diese sind allerdings nicht Bestandteil der von Ihnen erwarteten Lösung.

   Der Auspunktung können Sie entnehmen, welche Gewichtung einzelnen Zitaten und Lösungsteilen zukommt. Die Vergabe der Punkte kann Ihnen zudem eine Hilfe bei der Einteilung Ihrer Bearbeitungszeit sein. In einer Klausur können 100 Punkte erreicht werden. Bei einer Bearbeitungszeit von 180 Minuten stehen Ihnen demnach 1,8 Minuten pro Punkt zur Verfügung. Für eine Aufgabe, in der Sie z. B. 10 Punkte erreichen können, sollten Sie daher nicht mehr als 18 Minuten aufwenden.

Hinsichtlich der Bewertung Ihrer Arbeitsergebnisse ist folgendes Punkte- und Notenschema anzuwenden:

## § 20 der Prüfungsordnung: Punkte- und Notenschema

(1) Für die Prüfungsfächer und das Gesamtergebnis gelten folgende Punkte und Noten:

| Punkte | Noten | |
|---|---|---|
| 100-92 | sehr gut (1) | eine den Anforderungen in besonderem Maße entsprechende Leistung |
| 91-81 | gut (2) | eine den Anforderungen voll entsprechende Leistung |
| 80-67 | befriedigend (3) | eine den Anforderungen im Allgemeinen entsprechende Leistung |
| 66-50 | ausreichend (4) | eine Leistung, die zwar Mängel aufweist, aber im Ganzen den Anforderungen entspricht |
| 49-30 | mangelhaft (5) | eine Leistung, die den Anforderungen nicht entspricht, jedoch erkennen lässt, dass die notwendigen Grundkenntnisse vorhanden sind |
| 29-0 | ungenügend (6) | eine Leistung, die den Anforderungen nicht entspricht und bei der selbst die Grundkenntnisse lückenhaft sind |

(2) Die Prüfungsleistungen sind mit ganzen Punkten zu bewerten. Dezimalstellen sind ab 0,5 aufzurunden.

(3) Den Noten entsprechen folgende Prädikate:

| **Noten** | | **Prädikate** |
|---|---|---|
| sehr gut | – | „sehr gut bestanden“ |
| gut | – | „gut bestanden“ |
| befriedigend | – | „befriedigend bestanden“ |
| ausreichend | – | „bestanden“ |

Aufgaben und Lösungen dieser Auflage entsprechen dem Rechtsstand des Jahres 2020.
Sie eignen sich daher vornehmlich zur Vorbereitung auf die ***Zwischenprüfung 2021.***

# LITERATURHINWEISE

***Puke/Lohel/Mönkediek/Walkenhorst,*** Fälle- und Fragenkatalog für die Steuerfachangestelltenprüfung – Komplettwissen in 518 Fällen, 38. Auflage, NWB Verlag, Herne 2020.

***Puke/Lohel/Mönkediek,*** Klausurentraining für Steuerfachangestellte – Abschlussprüfung 2021, 19. Auflage, NWB Verlag, Herne 2021.

***Kliewer/Zschenderlein/Schneider,*** Prüfungs-Coach für Steuerfachangestellte – Grundwissen, Aufgaben und Fälle zu allen Prüfungsfächern, 39. Auflage, Kiehl Verlag, Herne 2020.

***Schweizer,*** Steuerlehre, 23. Auflage, Kiehl Verlag, Herne 2021.

***Schweizer,*** Steuerlehre – Lösungsheft, 23. Auflage, Kiehl Verlag, Herne 2021.

***Puke,*** Lexikon für Steuerfachangestellte, 18. Auflage, Kiehl Verlag, Herne 2018.

# Klausur 1: Aufgaben

## I. Wirtschafts- und Sozialkunde (25,0 Punkte)

### 1. Aufgabe (4,0 Punkte)

Andreas Förster hat einen dreijährigen Berufsausbildungsvertrag mit dem Steuerberater und Wirtschaftsprüfer Borgmann abgeschlossen, der laut Vertrag am 31. 7. 2020 endet. Am 19. 6. 2020 besteht er seine Prüfung zum Steuerfachangestellten. Er soll weiterhin im Betrieb beschäftigt werden und ab dem 1. 8. 2020 ein entsprechendes Angestelltengehalt bekommen.

**Auszug aus dem Kalender 2020**

| | Mai | | | | | Juni | | | | | Juli | | | | | August | | | | | |
|---|---|---|---|---|---|---|---|---|---|---|---|---|---|---|---|---|---|---|---|---|---|
| Mo | | 4 | 11 | 18 | 25 | **1** | 8 | 15 | 22 | 29 | | 6 | 13 | 20 | 27 | | 3 | 10 | 17 | 24 | 31 |
| Di | | 5 | 12 | 19 | 26 | 2 | 9 | 16 | 23 | 30 | | 7 | 14 | 21 | 28 | | 4 | 11 | 18 | 25 | |
| Mi | | 6 | 13 | 20 | 27 | 3 | 10 | 17 | 24 | | 1 | 8 | 15 | 22 | 29 | | 5 | 12 | 19 | 26 | |
| Do | | 7 | 14 | **21** | 28 | 4 | **11** | 18 | 25 | | 2 | 9 | 16 | 23 | 30 | | 6 | 13 | 20 | 27 | |
| Fr | **1** | 8 | 15 | 22 | 29 | 5 | 12 | 19 | 26 | | 3 | 10 | 17 | 24 | 31 | | 7 | 14 | 21 | 28 | |
| Sa | 2 | 9 | 16 | 23 | 30 | 6 | 13 | 20 | 27 | | 4 | 11 | 18 | 25 | | 1 | 8 | 15 | 22 | 29 | |
| So | 3 | 10 | 17 | 24 | 31 | 7 | 14 | 21 | 28 | | 5 | 12 | 19 | 26 | | 2 | 9 | 16 | 23 | 30 | |

AUFGABEN:

a) Wann endet das Ausbildungsverhältnis und ab wann beginnt das Angestelltenverhältnis mit Anspruch auf Gehalt?

b) Wann muss Andreas Förster (23 Jahre alt) spätestens kündigen, wenn er zum 31. 7. 2020 die Praxis verlassen will?

c) Welche Formvorschriften sind zu beachten?

### 2. Aufgabe (3,0 Punkte)

Brigitte Simon ist bei der Firma Hülsmeier & Gerdes als Sekretärin tätig. Wegen einer Erkrankung ist sie voraussichtlich neun Wochen arbeitsunfähig.

AUFGABE:

Welche Bezüge erhält sie während dieser Zeit und wer ist jeweils für welchen Zeitraum zahlungspflichtig?

## 3. Aufgabe (6,0 Punkte)

AUFGABE:

Stellen Sie in den nachfolgenden Fällen fest, um welche Vertragsarten es sich handelt:

a) Veräußerung von Sachen und Rechten gegen Entgelt.

b) Überlassung von Sachen zum Gebrauch gegen Entgelt.

c) Herstellung eines Werks gegen Entgelt, wobei der Hersteller das Material liefert.

d) Herstellung eines Werks gegen Entgelt, wobei der Auftraggeber das Material liefert.

e) Überlassung von Sachen zum Gebrauch und Fruchtgenuss gegen Entgelt.

f) Onkel Fritz leiht seinem Neffen Reiner 2 000 €, die dieser ratenweise zurückzahlt. Die Zahlung von Zinsen ist nicht vereinbart.

## 4. Aufgabe (3,0 Punkte)

Die Firma Wöstmann liefert am 9. 12. 2020 dem Bauherrn Schindler 60 laufende Meter Dachrinnen aus Kupfer. Die Dachrinnen werden von Herrn Schindler umgehend am Hausdach montiert.

Nach 14 Tagen erhält Herr Schindler die Rechnung des Lieferanten, auf der folgender Vermerk steht:

*„Die Ware bleibt bis zur vollständigen Bezahlung unser Eigentum."*

AUFGABEN:

a) Welchen rechtlichen Zweck hat diese Vertragsklausel?

b) Welche rechtliche Wirkung hat diese Vertragsklausel nach dem Einbau der Dachrinnen? Begründen Sie Ihre Auffassung.

## 5. Aufgabe (5,0 Punkte)

**Fall 1:**
Ulrich Meingold hat von einem Bekannten einen Gebrauchtwagen gekauft, der angeblich unfallfrei sein soll. Bei der nächsten Inspektion fällt auf, dass der Wagen einen Unfallschaden hatte, der zudem noch unsachgemäß repariert wurde.

**Fall 2:**
Gerd Gönner hat erhebliche finanzielle Probleme. Seine Bank möchte ihm aber keine weiteren Kredite gewähren. Somit entschließt er sich zur Kreditaufnahme bei der HGV Finanzhilfe GmbH, die eine Anzeige in der Wochenendzeitung geschaltet hat. Die Kreditkosten betragen inkl. aller Nebenkosten und Gebühren 29 % der Darlehenssumme pro Jahr.

AUFGABEN:

a) Prüfen Sie, ob in den vorliegenden Fällen ein rechtsgültiger Vertrag geschlossen wurde.

b) Stellen Sie fest und begründen Sie jeweils, ob eine Anfechtung möglich bzw. erforderlich ist.

## 6. Aufgabe (4,0 Punkte)

AUFGABE:

Damit verschiedene Geschäfte rechtswirksam werden hat der Gesetzgeber bestimmte Formvorschriften bestimmt.

Ordnen Sie die jeweiligen Formvorschriften 1 bis 5 den unten angegebenen Sachverhalten zu:

**Formvorschriften:**

1. Notarielle Beurkundung
2. Öffentliche Beglaubigung
3. Schriftform ohne Ersatzmöglichkeit durch die elektronische Form
4. Schriftform mit Ersatzmöglichkeit durch die elektronische Form
5. Formfreiheit

| Sachverhalte | Nr. |
|---|---|
| A. Kaufvertrag über ein Grundstück | |
| B. Kündigung eines Arbeitsverhältnisses | |
| C. Bürgschaft einer Privatperson | |
| D. Abschluss eines Verbraucherdarlehens | |

# II. Rechnungswesen (36,0 Punkte)

Die Mandantin Ursula Reichwein führt ein Feinkostgeschäft in Dortmund. Die Firma ist im Handelsregister eingetragen. Ihren Gewinn ermittelt sie gem. § 4 Abs. 1 i. V. mit § 5 EStG. Das Wirtschaftsjahr entspricht dem Kalenderjahr. Sie versteuert ihre Umsätze nach den allgemeinen Vorschriften des UStG. Sie ist zum vollen Vorsteuerabzug berechtigt. Für das Wirtschaftsjahr 2020 möchte Ursula Reichwein einen möglichst niedrigen steuerlichen Gewinn ausweisen. Abschreibungsbeträge sind auf volle Euro aufzurunden. Alle erforderlichen Belege liegen vor. Die Rechnungen sind ordnungsgemäß i. S. des § 14 UStG.

ERGÄNZENDER HINWEIS:

Die Umsätze werden nach den allgemeinen Vorschriften des UStG nach dem Soll versteuert. Voranmeldungszeitraum ist der Kalendermonat.

## 1. Aufgabe (3,5 Punkte)

AUFGABE:

Da sich in ihrem Arbeitszimmer und im Keller die Geschäftsunterlagen aus den Vorjahren häufen, fragt Frau Reichwein bei Ihnen an, wie lange folgende Unterlagen aufbewahrt werden müssen:

| | | Jahre |
|---|---|---|
| 1. | Kassenberichte | |
| 2. | Kontoauszüge der Bankkonten | |
| 3. | Kassenzettel (Buchungsunterlagen) | |
| 4. | Erhaltene Werbesendungen | |
| 5. | Eingangsrechnungen | |
| 6. | Jahresabschlüsse | |
| 7. | Durchschriften der Ausgangsrechnungen | |

## 2. Aufgabe (4,0 Punkte)

Frau Reichwein hat im Februar 2020 von der Firma Barilla aus Turin (Italien) original italienische Teigwaren (Kapitel 19 des Zolltarifs) erworben. Der Rechnungsbetrag laut Rechnung vom 28. 2. 2020 betrug 850 €. Beide Firmen verwendeten bei Bestellung bzw. bei Rechnungserteilung ihre USt-IdNr. Die Rechnung enthält einen Hinweis auf die Steuerfreiheit der Lieferung.

AUFGABEN:

a) Buchen Sie die Anschaffung der Ware.

b) Die Rechnung wurde am 5. 3. 2020 vereinbarungsgemäß unter Abzug von 2 % Skonto durch Banküberweisung beglichen. Buchen Sie den Zahlungsvorgang.

## 3. Aufgabe (2,0 Punkte)

Die Firma Reichwein erhielt von der Firma De Jong aus Venlo (Niederlande) eine Bestellung über 250 Flaschen Moselwein. Dabei wurde die niederländische USt-IdNr. angegeben.

Die Firma Reichwein führte die Lieferung am 30. 3. 2020 durch einen Paketdienst aus, berechnete 1 550 € und gewährte 2 % Skonto bei Bezahlung innerhalb von zehn Tagen.

AUFGABEN:

a) Buchen Sie den Verkauf der Ware.

b) Die Zahlung über 1 519 € ging am 3. 4. 2020 auf dem betrieblichen Bankkonto ein. Buchen Sie den Zahlungseingang.

## 4. Aufgabe (8,0 Punkte)

AUFGABE:

Beurteilen Sie, wie sich **die Buchung** der folgenden Geschäftsvorfälle bei der Firma Reichwein auf die **Bilanzsumme** auswirken. Kreuzen Sie die Auswirkung an und geben Sie die Höhe des Betrags an:

a) Frau Reichwein hat eine moderne Ladeneinrichtung für 38 400 € zzgl. 7 296 € Umsatzsteuer auf Rechnung erworben.

| Bilanzsumme: | | € |
|---|---|---|
| | unverändert | |
| | erhöht sich um | |
| | mindert sich um | |

b) Bei der Banküberweisung zieht sie vom Rechnungsbetrag (Aufgabe a)) vereinbarungsgemäß 3 % Skonto ab. Das betriebliche Bankkonto der Firma weist einen Schuldsaldo aus.

| Bilanzsumme: | | € |
|---|---|---|
| | unverändert | |
| | erhöht sich um | |
| | mindert sich um | |

c) Die Firma Reichwein verkauft einen Präsentkorb (Hummer, Austern, alkoholische Getränke) an den Steuerberater Gerber für 350 € zzgl. 19 % Umsatzsteuer gegen Rechnung.

| Bilanzsumme: | | € |
|---|---|---|
| | unverändert | |
| | erhöht sich um | |
| | mindert sich um | |

d) Auf dem betrieblichen Bankkonto gehen 408,17 € ein. Steuerberater Gerber hat seine Rechnung nach Abzug von 2 % Skonto beglichen. Das Bankkonto weist z. Zt. der Zahlung einen Guthabensaldo aus.

| Bilanzsumme: | | € |
|---|---|---|
| | unverändert | |
| | erhöht sich um | |
| | mindert sich um | |

## 5. Aufgabe (9,0 Punkte)

AUFGABE:

Untersuchen Sie, welche Erfolgsauswirkung sich in der Handels- und Steuerbilanz für 2020 aus den Buchungssätzen bei der Buchung der folgenden Geschäftsvorfälle für die Firma Reichwein ergibt:

| | Geschäftsvorfälle | Gewinn | | € |
|---|---|---|---|---|
| | | + | ./. | |
| a) | Frau Reichwein bezahlt eine bereits im ersten Halbjahr 2020 gebuchte Warenrechnung unter Inanspruchnahme von Skonto i. H. von 2 %. Der Überweisungsbetrag beläuft sich auf 2 099,16 €. | | | |
| b) | Sie überweist die Miete für Mai 2020 über 1 500 € zzgl. 19 % Umsatzsteuer für gewerblich genutzte Räume und über 600 € für privat genutzte Räume. | | | |
| c) | Sie bezahlt den Kaufpreis für ein erworbenes Betriebsgrundstück i. H. von 217 000 €. | | | |
| d) | Die Notarrechnung über die Beurkundung des Kaufvertrags i. H. von 1 220 € zzgl. 19 % Umsatzsteuer geht ein und soll erst später beglichen werden. | | | |
| e) | Die Kosten der Reparatur der Kühltheke betragen 297,50 € einschließlich 19 % gesondert ausgewiesener Umsatzsteuer. Der Betrag wird sofort bar bezahlt. | | | |
| f) | Die Gewerbesteuernachzahlung für 2019 über 800 € wurde überwiesen. Zum 31. 12. 2019 waren 650 € zurückgestellt worden. | | | |

## 6. Aufgabe (6,0 Punkte)

Für den Betrieb von Frau Reichwein wurden zum 31. 12. 2019 und zum 31. 12. 2020 folgende Bestände festgestellt:

| | **31. 12. 2019** | **31. 12. 2020** |
|---|---|---|
| Betriebs- und Geschäftsausstattung | 32 000 € | 28 000 € |
| Fahrzeuge | 58 250 € | 40 775 € |
| Warenbestand | 18 430 € | 22 440 € |
| Forderungen aus LuL | 540 € | 422 € |
| Geldkonten (Bank, Kasse) | 1 256 € | 2 045 € |
| Darlehensverbindlichkeiten | 56 434 € | 48 888 € |
| Verbindl. aus LuL | 8 430 € | 6 780 € |
| Umsatzsteuer-Schuld | 780 € | 558 € |
| Rückstellungen | 420 € | 650 € |

In 2020 haben die Entnahmen 44 560 € und die Einlagen 9 900 € betragen.

AUFGABE:

Ermitteln Sie in einer übersichtlichen Darstellung den Gewinn aus Gewerbebetrieb durch Betriebsvermögensvergleich für das Jahr 2020.

## 7. Aufgabe (3,5 Punkte)

Frau Reichwein hat ihre Umsatzsteuervorauszahlung für den Monat Mai 2020 und ihre Einkommensteuervorauszahlung für das 2. Quartal 2020 irrtümlich nicht geleistet. Das zuständige Finanzamt schickt ihr eine Mahnung über die noch ausstehende

- Umsatzsteuerzahllast 5/2020 1 260 €,
- Einkommensteuervorauszahlung II/2020 2 000 €

und berechnet Säumniszuschläge für

- Umsatzsteuer 12,50 €,
- Einkommensteuer 20 €.

AUFGABE:

Buchen Sie die Überweisung des Gesamtbetrags vom betrieblichen Bankkonto.

# III. Steuerwesen (39,0 Punkte)

## 1. Aufgabe (3,0 Punkte)

Hans Dampf erhält den Einkommensteuerbescheid 2020 am Dienstag, den 1. 6. 2021. Der Bescheid trägt das Datum vom 31. 5. 2021.

**Auszug aus dem Kalender 2021**

| | Mai | | | | | | Juni | | | | | Juli | | | | | August | | | | | |
|---|---|---|---|---|---|---|---|---|---|---|---|---|---|---|---|---|---|---|---|---|---|---|
| Mo | | 3 | 10 | 17 | **24** | 31 | | 7 | 14 | 21 | 28 | | 5 | 12 | 19 | 26 | | 2 | 9 | 16 | 23 | 30 |
| Di | | 4 | 11 | 18 | 25 | | 1 | 8 | 15 | 22 | 29 | | 6 | 13 | 20 | 27 | | 3 | 10 | 17 | 24 | 31 |
| Mi | | 5 | 12 | 19 | 26 | | 2 | 9 | 16 | 23 | 30 | | 7 | 14 | 21 | 28 | | 4 | 11 | 18 | 25 | |
| Do | | 6 | **13** | 20 | 27 | | **3** | 10 | 17 | 24 | | 1 | 8 | 15 | 22 | 29 | | 5 | 12 | 19 | 26 | |
| Fr | | 7 | 14 | 21 | 28 | | 4 | 11 | 18 | 25 | | 2 | 9 | 16 | 23 | 30 | | 6 | 13 | 20 | 27 | |
| Sa | **1** | 8 | 15 | 22 | 29 | | 5 | 12 | 19 | 26 | | 3 | 10 | 17 | 24 | 31 | | 7 | 14 | 21 | 28 | |
| So | 2 | 9 | 16 | 23 | 30 | | 6 | 13 | 20 | 27 | | 4 | 11 | 18 | 25 | | 1 | 8 | 15 | 22 | 29 | |

Maifeiertag 1. Mai, Christi Himmelfahrt 13. Mai, Pfingstmontag 24. Mai, Fronleichnam 3. Juni

AUFGABE:

Bitte prüfen Sie, bis wann Herr Dampf gegen den Einkommensteuerbescheid 2020 Einspruch einlegen kann. Begründen Sie Ihre Lösung durch eine übersichtliche Fristenberechnung unter Einbeziehung der vorgegebenen Daten.

## 2. Aufgabe (3,0 Punkte)

AUFGABE:

Welche Behörde/n ist/sind für die Verwaltung folgender Steuern sachlich zuständig?

a) Umsatzsteuer

b) Gewerbesteuer

c) Körperschaftsteuer

d) Grundsteuer

e) Mineralölsteuer

f) Stromsteuer

## 3. Aufgabe (3,0 Punkte)

Leo Landsmann ist mit Linda Landsmann verheiratet und beide wohnen in Enschede (Niederlande). Leo fuhr in 2020 täglich mit der Bahn nach Münster, denn er ist als Arbeitnehmer beim Landschaftsverband Westfalen-Lippe tätig. Sein Jahresgehalt betrug 2020 laut Lohnsteuerbescheinigung 42 620 €.

Seine Frau Linda ist gelegentlich im Krankenhaus Enschede als Krankenschwester tätig. Mit Urlaubs- und Krankheitsvertretung hat sie 2020 umgerechnet 4 240 € verdient (Bescheinigung der niederländischen Finanzbehörde liegt vor).

AUFGABE:

Die Eheleute bitten Sie, einen Antrag auf unbeschränkte Steuerpflicht gem. § 1 Abs. 3 EStG zu stellen. Prüfen Sie, ob die Voraussetzungen dafür gegeben sind.

## 4. Aufgabe (4,0 Punkte)

Sie erstellen die Einkommensteuererklärung 2020 für den Mandanten Helmut Hillmann. Folgende Angaben ergeben sich aus den vorliegenden Unterlagen:

| | |
|---|---|
| Arbeitslohn 2020 | 37 250 € |
| zzgl. Kindergartenzuschuss des Arbeitgebers | 465 € |
| Geldwerter Vorteil aus Personalrabatt 2020 insgesamt | 1 005 € |
| Zuwendung anlässlich zehnjährigem Arbeitnehmerjubiläum | 300 € |
| Reisekostenerstattung (54 Tage, Abwesenheit > acht Stunden) | 648 € |

AUFGABE:

Eine Pauschalversteuerung wurde 2020 nicht durchgeführt. Bitte ermitteln Sie den Betrag, der in das Feld „Bruttoarbeitslohn" der Zeile 6 der Anlage N für 2020 einzutragen ist. Nichtansätze bitte begründen! Berechnungen und gesetzliche Grundlagen sind anzugeben.

# 2020

| Zeile | | |
|---|---|---|
| 1 | Name | **Anlage N** |
| 2 | Vorname | **Jeder Ehegatte / Lebenspartner mit Einkünften aus nichtselbständiger Arbeit hat eine eigene Anlage N abzugeben.** |
| 3 | **Steuernummer** | stpfl. Person / Ehemann / Person A |
| 4 | Sofern keine IdNr. vorhanden: **eTIN** lt. Lohnsteuerbescheinigung(en) / **eTIN** lt. weiterer Lohnsteuerbescheinigung(en) | Ehefrau / Person B |

**Daten für die mit (e) gekennzeichneten Zeilen liegen im Regelfall vor und müssen nicht eingetragen werden. – Bitte Infoblatt eDaten / Anleitung beachten –**

4

## Einkünfte aus nichtselbständiger Arbeit

**Angaben zum Arbeitslohn**

| Zeile | | Lohnsteuerbescheinigung(en) Steuerklasse 1 – 5 (EUR, Ct) | Lohnsteuerbescheinigung(en) Steuerklasse 6 oder einer Urlaubskasse (EUR, Ct) | |
|---|---|---|---|---|
| 5 | **Steuerklasse** | 168 | | (e) |
| 6 | Bruttoarbeitslohn | 110 ,— | 111 ,— | (e) |
| 7 | Lohnsteuer | 140 | 141 | (e) |
| 8 | Solidaritätszuschlag | 150 | 151 | (e) |
| 9 | Kirchensteuer des Arbeitnehmers | 142 | 143 | (e) |
| 10 | **Nur bei Konfessionsverschiedenheit:** Kirchensteuer für den Ehegatten / Lebenspartner | 144 | 145 | (e) |

| Zeile | | 1. Versorgungsbezug | 2. Versorgungsbezug | |
|---|---|---|---|---|
| 11 | **Steuerbegünstigte Versorgungsbezüge** (in Zeile 6 enthalten) | 200 ,— | 210 ,— | (e) |
| 12 | Bemessungsgrundlage für den Versorgungsfreibetrag lt. Nr. 29 der Lohnsteuerbescheinigung | 201 ,— | 211 ,— | (e) |
| 13 | Maßgebendes Kalenderjahr des Versorgungsbeginns lt. Nr. 30 der Lohnsteuerbescheinigung | 206 J J J J | 216 J J J J | (e) |
| 14 | Bei unterjähriger Zahlung: Erster und letzter Monat, für den Versorgungsbezüge gezahlt wurden, lt. Nr. 31 der Lohnsteuerbescheinigung | 202 Monat M M – 203 Monat M M | 212 Monat M M – 213 Monat M M | (e) |
| 15 | Sterbegeld, Kapitalauszahlungen / Abfindungen und Nachzahlungen von Versorgungsbezügen lt. Nr. 32 der Lohnsteuerbescheinigung (in den Zeilen 6 und 11 enthalten) | 204 ,— | 214 ,— | (e) |
| 16 | Ermäßigt zu besteuernde Versorgungsbezüge für mehrere Jahre lt. Nr. 9 der Lohnsteuerbescheinigung | 205 ,— | 215 ,— | (e) |
| 17 | **Ermäßigt besteuerte Entschädigungen / Arbeitslohn für mehrere Jahre** lt. Nr. 10 der Lohnsteuerbescheinigung | | 166 ,— | (e) |
| 18 | **Entschädigungen / Arbeitslohn für mehrere Jahre** – ggf. lt. Nr. 19 der Lohnsteuerbescheinigung – vom Arbeitgeber nicht ermäßigt besteuert | | 165 ,— | (e) |

Steuerabzugsbeträge zu den Zeilen 16 und 17

| Zeile | | | | | |
|---|---|---|---|---|---|
| 19 | Lohnsteuer | 146 | Solidaritätszuschlag | 152 | (e) |
| 20 | Kirchensteuer Arbeitnehmer | 148 | Kirchensteuer Ehegatte / Lebenspartner | 149 | (e) |

| Zeile | | | |
|---|---|---|---|
| 21 | Steuerpflichtiger Arbeitslohn, von dem kein Steuerabzug vorgenommen worden ist (soweit nicht in der Lohnsteuerbescheinigung enthalten) | 115 | ,— |
| 22 | Steuerfreier Arbeitslohn nach Doppelbesteuerungsabkommen / sonstigen zwischenstaatlichen Übereinkommen (Übertrag aus den Zeilen 52, 71 und / oder 82 der ersten **Anlage N-AUS**) | 139 | ,— |
| 23 | Steuerfreier Arbeitslohn nach Auslandstätigkeitserlass (Übertrag aus Zeile 67 der ersten **Anlage N-AUS**) | 136 | ,— |
| 24 | Steuerfreie Einkünfte (Besondere Lohnbestandteile) nach Doppelbesteuerungsabkommen / sonstigen zwischenstaatlichen Übereinkommen / Auslandstätigkeitserlass (Übertrag aus Zeile 81 der ersten **Anlage N-AUS**) | 178 | ,— |
| 25 | Beigefügte **Anlage(n) N-AUS** | Anzahl | |

| Zeile | | | | | |
|---|---|---|---|---|---|
| 26 | Grenzgänger nach 117 | 2 = Frankreich<br>3 = Schweiz<br>4 = Österreich | 116 Arbeitslohn in EUR / CHF ,— | 135 Schweizerische Abzugsteuer in CHF | |
| 27 | Steuerfrei erhaltene Aufwandsentschädigungen / Einnahmen | aus der Tätigkeit als | 118 EUR ,— | | |
| 28 | **Kurzarbeitergeld, Zuschuss zum Mutterschaftsgeld, Verdienstausfallentschädigung nach dem Infektionsschutzgesetz, Aufstockungsbeträge nach dem Altersteilzeitgesetz, Altersteilzeitzuschläge nach Besoldungsgesetzen (lt. Nr. 15 der Lohnsteuerbescheinigung)** | | 119 ,— | | (e) |

2020AnlN031 – April 2020 – 2020AnlN031

## 5. Aufgabe (7,0 Punkte)

Bernd Brinkmann (Rohrweg 2, 48167 Münster) führt einen kleinen Meisterbetrieb für Heizungs- und Sanitärinstallationen. Er beschäftigt einen Gesellen, Fritz Fleißig (Lohnsteuerklasse I/0, rk).

AUFGABE:

Bitte erstellen Sie die Lohnabrechnung Dezember 2020 und füllen Sie die Lohnsteuer-Anmeldung für Dezember 2020 unter Berücksichtigung folgender Angaben aus:

| | |
|---|---|
| Bruttogehalt | 2 150 € |
| Ausgezahltes Weihnachtsgeld | 1 075 € |
| Spesen (Zwölf Tage, Abwesenheit > acht Stunden) | 144 € |
| Lohnsteuer I/0 | 491,50 € |
| Kirchensteuer (rk.) | 9 % |
| Solidaritätszuschlag | 5,5 % |
| Sozialversicherung insgesamt | 40,1 % |
| Arbeitnehmeranteil Sozialversicherung | 20,68 % |
| Zuständiges Finanzamt | Münster-Außenstadt |
| | Postfach 61 29, 48136 Münster |
| Steuernummer | 336/5021/2123 |

- Bitte weiße Felder ausfüllen oder ☒ ankreuzen und Hinweise auf der Rückseite beachten -

**2020**

| Fallart | Steuernummer | Unterfallart |
|---|---|---|
| 11 | | 62 |

**30** Eingangsstempel oder -datum

Finanzamt

Arbeitgeber - Anschrift der Betriebsstätte - Telefonnummer - E-Mail

# Lohnsteuer-Anmeldung 2020

**Anmeldungszeitraum**

bei monatlicher Abgabe bitte ankreuzen

| | | | | | |
|---|---|---|---|---|---|
| 20 01 | Jan. | | 20 07 | Juli | |
| 20 02 | Feb. | | 20 08 | Aug. | |
| 20 03 | März | | 20 09 | Sept. | |
| 20 04 | April | | 20 10 | Okt. | |
| 20 05 | Mai | | 20 11 | Nov. | |
| 20 06 | Juni | | 20 12 | Dez. | |

bei vierteljährlicher Abgabe bitte ankreuzen

| | | |
|---|---|---|
| 20 41 | I. Kalendervierteljahr | |
| 20 42 | II. Kalendervierteljahr | |
| 20 43 | III. Kalendervierteljahr | |
| 20 44 | IV. Kalendervierteljahr | |

bei jährlicher Abgabe bitte ankreuzen

| | | |
|---|---|---|
| 20 19 | Kalenderjahr | |

| | | |
|---|---|---|
| **Berichtigte Anmeldung** (falls ja, bitte eine „1" eintragen)......... | 10 | |
| **Zahl der Arbeitnehmer** (einschl. Aushilfs- und Teilzeitkräfte)............... | 86 | |
| **zu Zeile 22: Zahl der Arbeitnehmer mit BAV-Förderbetrag**...................... | 90 | |

| Zeile | | Kz | EUR | Ct |
|---|---|---|---|---|
| 18 | Summe der einzubehaltenden Lohnsteuer [1] [2] | 42 | | |
| 19 | Summe der pauschalen Lohnsteuer - ohne § 37b EStG - [1] | 41 | | |
| 20 | Summe der pauschalen Lohnsteuer nach § 37b EStG [1] | 44 | | |
| 21 | abzüglich Kürzungsbetrag für Besatzungsmitglieder von Handelsschiffen | 33 | | |
| 22 | abzüglich Förderbetrag zur betrieblichen Altersversorgung nach § 100 EStG (BAV-Förderbetrag) [1] | 45 | | |
| 23 | Verbleiben [1] | 48 | | |
| 24 | Solidaritätszuschlag [1] [2] | 49 | | |
| 25 | pauschale Kirchensteuer im vereinfachten Verfahren | 47 | | |
| 26 | Evangelische Kirchensteuer - ev [1] [2] | 61 | | |
| 27 | Römisch-Katholische Kirchensteuer - rk [1] [2] | 62 | | |
| 28 | | | | |
| 29 | | | | |
| 30 | | | | |
| 31 | | | | |
| 32 | | | | |
| 33 | **Gesamtbetrag** [1] | 83 | | |

1) Negativen Beträgen ist ein Minuszeichen voranzustellen
2) Nach Abzug der im Lohnsteuer-Jahresausgleich erstatteten Beträge

Ein Erstattungsbetrag wird auf das dem Finanzamt benannte Konto überwiesen, soweit der Betrag nicht mit Steuerschulden verrechnet wird.

**Verrechnung des Erstattungsbetrags erwünscht / Erstattungsbetrag ist abgetreten** (falls ja, bitte eine „1" eintragen).............. **29**

Geben Sie bitte die Verrechnungswünsche auf einem besonderen Blatt oder auf dem beim Finanzamt erhältlichen Vordruck „Verrechnungsantrag" an.

Das **SEPA-Lastschriftmandat** wird ausnahmsweise (z. B. wegen Verrechnungswünschen) für diesen Anmeldungszeitraum **widerrufen** (falls ja, bitte eine „1" eintragen)............................................ **26**

Ein ggf. verbleibender Restbetrag ist gesondert zu entrichten.

Über die Angaben in der Steueranmeldung hinaus sind weitere oder abweichende Angaben oder Sachverhalte zu berücksichtigen (falls ja, bitte eine „1" eintragen)............................................ **23**

Diese ergeben sich aus der beigefügten Anlage, welche mit der Überschrift „Ergänzende Angaben zur Steueranmeldung" gekennzeichnet ist.

Datum, Unterschrift

**Datenschutzhinweis:**

Die mit der Steueranmeldung angeforderten Daten werden auf Grund der §§ 149, 150 der Abgabenordnung und des § 41a des Einkommensteuergesetzes erhoben. Die Angabe der Telefonnummer und der E-Mail-Adresse ist freiwillig.

Informationen über die Verarbeitung personenbezogener Daten in der Steuerverwaltung und über Ihre Rechte nach der Datenschutz-Grundverordnung sowie über Ihre Ansprechpartner in Datenschutzfragen entnehmen Sie bitte dem allgemeinen Informationsschreiben der Finanzverwaltung. Dieses Informationsschreiben finden Sie unter www.finanzamt.de (unter der Rubrik „Datenschutz") oder erhalten Sie bei Ihrem Finanzamt.

3.19 - **LStA** - Lohnsteuer-Anmeldung 2020 -

## 6. Aufgabe (8,5 Punkte)

Die Dreigestirn OHG aus Köln, bestehend aus den Gesellschaftern Peter Prinz, Jens Jungfrau und Bernd Bauer, hat im Jahr 2020 einen handelsrechtlichen Verlust i. H. von 21 000 € ausgewiesen (Wirtschaftsjahr = Kalenderjahr). Folgende Beträge sind dabei zutreffend als Aufwand erfasst worden:

- Peter Prinz erhielt als Geschäftsführer ein Gehalt i. H. von 6 750 € monatlich, zzgl. je ½ Monatsgehalt als Urlaubs- und Weihnachtsgeld.
- Jens Jungfrau war als kaufmännischer Leiter für die OHG tätig und erhielt als solcher ein Gehalt i. H. von monatlich 5 300 €, zzgl. je ½ Monatsgehalt als Urlaubs- und Weihnachtsgeld.
- Bernd Bauer hatte der OHG ein Grundstück mit Lagerhalle überlassen. Die Miete betrug 1 240 € monatlich. Für ein der OHG von Januar 2020 bis Juni 2020 gewährtes Darlehen i. H. von 150 000 € erhielt Bauer 6 % Zinsen p. a.

AUFGABEN:

a) Ermitteln Sie das einkommensteuerliche Ergebnis der OHG für das Jahr 2020.

b) Ermitteln Sie die Einkünfte der Gesellschafter anhand folgender Tabelle:

| | Prinz | Jungfrau | Bauer | insgesamt |
|---|---|---|---|---|
| | | | | |
| | | | | |
| | | | | |
| Einkommensteuerlicher Gewinn-/Verlustanteil | | | | |

## 7. Aufgabe (10,5 Punkte)

Klaus Koks erwarb mit Kaufvertrag vom 1. 8. 2015 ein Mehrfamilienhaus (Baujahr 1993) für umgerechnet 600 000 € (inkl. 120 000 € für Grund und Boden). Nutzen und Lasten gingen am 1. 9. 2015 auf Koks über.

Die Mieteinnahmen (inkl. 660 € Nebenkosten) betragen monatlich 3 960 €. Die vermietete Wohnfläche beträgt 600 $m^2$.

Bis einschließlich August 2020 entstanden Koks folgende Aufwendungen:

- Schuldzinsen in Zusammenhang mit der Gebäudefinanzierung: 18 000 €
- Sonstige Hausaufwendungen: 12 600 €

Die Gebäude-AfA wurde als Werbungskosten geltend gemacht.

Mit Vertrag vom 30. 6. 2020 veräußerte Koks das bebaute Grundstück für 565 000 €. Der Übergang von Nutzen und Lasten wurde auf den 1. 9. 2020 festgelegt. Koks entstanden Veräußerungskosten i. H. von 675 €.

AUFGABE:

Ermitteln Sie in einer übersichtlichen Darstellung die niedrigstmögliche Summe der Einkünfte für den Veranlagungszeitraum 2020. Geben Sie bitte auch die Berechnungen und die gesetzliche Grundlage für die Einkunftsart/en an.

# Klausur 1: Lösungen

## I. Wirtschafts- und Sozialkunde (25,0 Punkte)

### 1. Aufgabe (4,0 Punkte)

a) Das Ausbildungsverhältnis endet mit dem Bestehen der Abschlussprüfung am 19. 6. 2020. **1,0 P**

Am 20. 6. 2020 beginnt das Angestelltenverhältnis mit Anspruch auf Gehalt. **1,0 P**

b) Das ab 20. 6. 2020 bestehende Angestelltenverhältnis kann vom Arbeitnehmer mit einer Frist von vier Wochen zum Monatsende gekündigt werden (§ 622 Abs. 1 BGB). Die Kündigung muss also vier Wochen vor dem 31. 7. 2020, also bis zum 3. 7. 2020, erfolgen. **1,0 P**

c) Es ist Schriftform vorgeschrieben (§ 623 BGB). Die Angabe des Kündigungsgrundes ist nicht erforderlich. **1,0 P**

### 2. Aufgabe (3,0 Punkte)

- Sechs Wochen Lohnfortzahlung durch den Arbeitgeber, **1,5 P**
- danach drei Wochen Krankengeld von der Krankenkasse. **1,5 P**

### 3. Aufgabe (6,0 Punkte)

a) Kaufvertrag (§§ 433, 453 BGB) **1,0 P**

b) Mietvertrag (§ 535 BGB) **1,0 P**

c) Werklieferungsvertrag (§ 650 BGB) **1,0 P**

d) Werkleistungsvertrag (§ 631 BGB) **1,0 P**

e) Pachtvertrag (§ 581 BGB) **1,0 P**

f) Darlehensvertrag (§ 488 BGB) **1,0 P**

### 4. Aufgabe (3,0 Punkte)

a) Der Verkäufer bleibt Eigentümer bis zur vollständigen Bezahlung (§ 449 BGB). **1,0 P**

b) Der Eigentumsvorbehalt erlischt, **1,0 P**

weil die Ware mit dem Grundstück fest verbunden wird. **1,0 P**

## 5. Aufgabe (5,0 Punkte)

**Fall 1:**

a) Ein Vertrag ist zustande gekommen, weil beim Kauf zwei übereinstimmende Willenserklärungen abgegeben wurden. **1,0 P**

b) Eine Anfechtung ist möglich. **0,5 P**

Es liegt eine arglistige Täuschung vor (§ 123 BGB). **1,0 P**

**Fall 2:**

a) Ein Vertrag ist nicht zustande gekommen. **1,0 P**

b) Der Preis für den Kredit ist unverhältnismäßig hoch (Wucher) (§ 138 Abs. 1 BGB). **0,5 P**

Der Vertrag ist nichtig. **0,5 P**

Eine Anfechtung ist damit nicht erforderlich. **0,5 P**

## 6. Aufgabe (4,0 Punkte)

| Sachverhalte | Nr. | |
|---|---|---|
| A. Kaufvertrag über ein Grundstück | 1 | **1,0 P** |
| B. Kündigung eines Arbeitsverhältnisses | 3 | **1,0 P** |
| C. Bürgschaft einer Privatperson | 3 | **1,0 P** |
| D. Abschluss eines Verbraucherdarlehens | 4 | **1,0 P** |

ERGÄNZENDER HINWEIS:

Siehe § 311b i. V. mit § 873 BGB; § 623 BGB; § 766 BGB; § 492 i. V. mit § 126 Abs. 3 BGB.

# II. Rechnungswesen (36,0 Punkte)

**Vorbemerkungen zu den Kontenbezeichnungen in den Lösungen:**

Die §§ 266, 275 HGB regeln, welche Posten in der Bilanz und in der GuV auszuweisen sind. Das HGB schreibt aber kein bestimmtes Buchführungssystem vor und damit auch nicht die Bezeichnung der Konten. Gleichwohl müssen die Geschäftsvorfälle so gebucht werden, dass ein Überblick über die Vermögens- und Ertragslage gewährleistet ist. Aus steuerlichen Gründen (z. B. Umsatzsteuer, einkommensteuerliches Teileinkünfteverfahren) bietet es sich an, bereits bei der Buchung der laufenden Geschäftsvorfälle die steuerlichen Konsequenzen im Blick zu haben und entsprechend differenziert zu buchen. In der Praxis ist vor diesem Hintergrund der „DATEV-E-Bilanz-Standardkontenrahmen (SKR) 03" sehr stark verbreitet. Die Kontenbezeichnungen in den Lösungen entsprechen weitgehend dem SKR 03. In den Lösungen zu den Klausuren werden jedoch regelmäßig auch andere zutreffende Kontenbezeichnungen zugelassen, wenn sich aus der Aufgabenstellung nichts anderes ergibt.

ERGÄNZENDER HINWEIS:

Der Umsatzsteuerregelsatz beträgt für Leistungen von Juli 2020 bis Dezember 2020 16 % (statt 19 %); der ermäßigte Steuersatz beträgt in diesem Zeitraum 5 % (statt 7 %).

## 1. Aufgabe (3,5 Punkte)

| | Jahre | |
|---|---|---|
| 1. Kassenberichte | 10 | **0,5 P** |
| 2. Kontoauszüge der Bankkonten | 10 | **0,5 P** |
| 3. Kassenzettel (Buchungsunterlagen) | 10 | **0,5 P** |
| 4. Erhaltene Werbesendungen | 0 | **0,5 P** |
| 5. Eingangsrechnungen | 10 | **0,5 P** |
| 6. Jahresabschlüsse | 10 | **0,5 P** |
| 7. Durchschriften der Ausgangsrechnungen | 10 | **0,5 P** |

ERGÄNZENDE HINWEISE:

Siehe § 257 HGB, § 147 AO und § 14b UStG.

**Hinweis zu Lieferscheinen:**
Die bisherige Aufbewahrungsfrist von Lieferscheinen, sofern keine Buchungsbelege vorliegen, gilt ab dem 1. 1. 2017 nicht mehr. § 147 Abs. 3 Satz 3 und 4 AO regelt nun, dass die Aufbewahrungsfrist jeweils mit Erhalt oder Versand der Rechnung endet, soweit keine Buchungsbelege betroffen sind (Zweites Bürokratieentlastungsgesetz v. 30. 6. 2017 (BGBl I S. 2143)).

## 2. Aufgabe (4,0 Punkte)

a) **Anschaffung der Ware:**
**Buchungen:**

| | | | | |
|---|---|---|---|---|
| Wareneingang | 850 € | an | Verbindl. aus LuL | 850 € |
| | | | | **1,0 P** |
| und | | | | |
| Vorsteuer aus i. g. Erwerb (7 %) | 59,50 € | an | Umsatzsteuer aus i. g. Erwerb (7 %) | 59,50 € |
| | | | | **1,0 P** |

b) **Banküberweisung:**
**Buchungen:**

| | | | | |
|---|---|---|---|---|
| Verbindl. aus LuL | 850 € | an | Bank | 833 € |
| | | an | Erhaltene Skonti | 17 € |
| | | | | **1,0 P** |
| und | | | | |
| Umsatzsteuer aus i. g. Erwerb (7 %) | 1,19 € | an | Vorsteuer aus i. g. Erwerb (7 %) | 1,19 € |
| | | | | **1,0 P** |

## 3. Aufgabe (2,0 Punkte)

a) **Verkauf der Ware:**
**Buchung:**

| | | | | |
|---|---|---|---|---|
| Forderungen aus LuL | 1 550 € | an | Steuerfreie i. g. Lieferung | 1 550 € |
| | | | | **1,0 P** |

b) **Zahlungseingang:**
**Buchung:**

| | | | | |
|---|---|---|---|---|
| Bank | 1 519 € | | | |
| Gewährte Skonti | 31 € | an | Forderungen aus LuL | 1 550 € |
| | | | | **1,0 P** |

## 4. Aufgabe (8,0 Punkte)

a)

| Bilanzsumme: | | € |
|---|---|---|
| | unverändert | |
| X | erhöht sich um | 45 696 € |
| | mindert sich um | |
| | | **2,0 P** |

b)

| Bilanzsumme: | | € |
|---|---|---|
| | unverändert | |
| | erhöht sich um | |
| X | mindert sich um | 1 370,88 € |
| | | **2,0 P** |

c)

| Bilanzsumme: | | € |
|---|---|---|
| | unverändert | |
| X | erhöht sich um | 416,50 € |
| | mindert sich um | |
| | | **2,0 P** |

d)

| Bilanzsumme: | | € |
|---|---|---|
| | unverändert | |
| | erhöht sich um | |
| X | mindert sich um | 8,33 € |
| | | **2,0 P** |

## 5. Aufgabe (9,0 Punkte)

| | Geschäftsvorfälle | Gewinn | | € |
|---|---|---|---|---|
| | | + | ./. | |
| a) | Frau Reichwein bezahlt eine bereits im ersten Halbjahr 2020 gebuchte Warenrechnung unter Inanspruchnahme von Skonto i. H. von 2 %. Der Überweisungsbetrag beläuft sich auf 2 099,16 €. | + | | 36 €<br>**3,0 P** |
| b) | Sie überweist die Miete für Mai 2020 über 1 500 € zzgl. 19 % Umsatzsteuer für gewerblich genutzte Räume und über 600 € für privat genutzte Räume. | | ./. | 1 500 €<br>**1,0 P** |
| c) | Sie bezahlt den Kaufpreis für ein erworbenes Betriebsgrundstück i. H. von 217 000 €. | | | 0 €<br>**1,0 P** |
| d) | Die Notarrechnung über die Beurkundung des Kaufvertrages i. H. von 1 220 € zzgl. 19 % Umsatzsteuer geht ein und soll erst später beglichen werden. | | | 0 €<br>**1,0 P** |
| e) | Die Kosten der Reparatur der Kühltheke betragen 297,50 € einschließlich 19 % gesondert ausgewiesener Umsatzsteuer. Der Betrag wird sofort bar bezahlt. | | ./. | 250 €<br>**1,0 P** |
| f) | Die Gewerbesteuernachzahlung für 2019 über 800 € wurde überwiesen. Zum 31. 12. 2019 waren 650 € zurückgestellt worden. | | ./. | 150 €<br>**2,0 P** |

ERGÄNZENDER HINWEIS:

Hinweis zu f): Aus dem Buchungssatz ergibt sich wie dargestellt in der Steuer- und Handelsbilanz eine Gewinnminderung i. H. von 150 €. Da die Gewerbesteuer jedoch gem. § 4 Abs. 5b EStG nicht abzugsfähig ist, erfolgt außerhalb der Steuerbilanz eine Korrektur (+ 150 €). Die steuerrechtliche Gewinnauswirkung beträgt mithin insgesamt ./. 150 € + 150 € = 0 €. Die Bildung der Rückstellung in der Steuerbilanz zum 31. 12. 2019 war trotz der Regelung in § 4 Abs. 5b EStG geboten (§ 5 Abs. 1 Satz 1 erster Halbsatz EStG i. V. mit § 249 Abs. 1 Satz 1 HGB).

## 6. Aufgabe (6,0 Punkte)

| **Aktiva** | **31. 12. 2019** | **31. 12. 2020** |
|---|---|---|
| Betriebs- und Geschäftsausstattung | 32 000 € | 28 000 € |
| Fahrzeuge | 58 250 € | 40 775 € |
| Warenbestand | 18 430 € | 22 440 € |
| Forderungen aus LuL | 540 € | 422 € |
| Geldkonten (Bank, Kasse) | 1 256 € | 2 045 € |
| **Rohvermögen** | **110 476 €** | **93 682 €** |

| | | |
|---|---|---|
| **./. Passiva** | | |
| Darlehensverbindlichkeiten | 56 434 € | 48 888 € |
| Verbindl. aus LuL | 8 430 € | 6 780 € |
| Umsatzsteuer-Schuld | 780 € | 558 € |
| Rückstellungen | 420 € | 650 € |
| **= Betriebsvermögen** | **44 412 €** | **36 806 €** |
| | **2,0 P** | **2,0 P** |

| | | |
|---|---|---|
| Betriebsvermögen per 31. 12. 2020 | 36 806 € | |
| ./. Betriebsvermögen per 31. 12. 2019 | 44 412 € | |
| = Betriebsvermögen-Minderung | ./. 7 606 € | **1,0 P** |
| + Entnahmen | 44 560 € | **0,5 P** |
| ./. Einlagen | 9 900 € | **0,5 P** |
| = **Gewinn 2020** | **27 054 €** | |

## 7. Aufgabe (3,5 Punkte)

**Buchung:**

| | | | | |
|---|---|---|---|---|
| Umsatzsteuer | 1 260,00 € | | | **1,0 P** |
| Abzugsfähige Nebenleistungen zu Steuern | 12,50 € | | | **1,0 P** |
| Privatentnahme | 2 020,00 € | an | Bank | 3 292,50 € |
| | **1,0 P** | | | **0,5 P** |

# III. Steuerwesen (39,0 Punkte)

## 1. Aufgabe (3,0 Punkte)

Hans Dampf kann bis zum 5. 7. 2021, 24:00 Uhr, Einspruch gegen den Einkommensteuerbescheid 2020 einlegen.

**Berechnung der Einspruchsfrist:**

| | | |
|---|---|---|
| Aufgabe zur Post: | 31. 5. 2021 | **0,5 P** |
| + 3 Tage = Tag der Bekanntgabe: | 3. 6. 2021 (= Donnerstag/Fronleichnam) | **1,0 P** |
| | Bekanntgabe verschiebt sich auf Freitag 4. 6. 2021 | |
| Beginn der Einspruchsfrist: | 5. 6. 2021, 0:00 Uhr (bzw. mit Ablauf des 4. 6. 2021) | **0,5 P** |
| + 1 Monat | | |
| = Ende der Einspruchsfrist: | 4. 7. 2021, 24:00 Uhr (= Sonntag) | **1,0 P** |
| | Fristende verschiebt sich auf Montag 5. 7. 2021, 24:00 Uhr | |

ERGÄNZENDER HINWEIS:

Fällt das Ende einer Frist auf einen Sonntag, einen gesetzlichen Feiertag oder einen Sonnabend, so endet die Frist mit dem Ablauf des nächstfolgenden Werktags, § 108 Abs. 3 AO. Diese Vorschrift greift auch bei der Drei-Tage-Regelung für die Bekanntgabe gem. § 122 Abs. 2 Nr. 1 AO. Auf den Beginn einer Frist (hier Beginn der Einspruchsfrist am Samstag, den 5. 6. 2021, 0:00 Uhr) findet diese Regelung keine Anwendung.

## 2. Aufgabe (3,0 Punkte)

Folgende Behörde ist für die Verwaltung der jeweiligen Steuern zuständig:

| | | | |
|---|---|---|---|
| a) | Umsatzsteuer: | Finanzamt | **0,5 P** |
| b) | Gewerbesteuer: | Finanzamt und Steueramt der Gemeinde | **0,5 P** |
| c) | Körperschaftsteuer: | Finanzamt | **0,5 P** |
| d) | Grundsteuer: | Finanzamt und Steueramt der Gemeinde | **0,5 P** |
| e) | Mineralölsteuer: | Hauptzollamt | **0,5 P** |
| f) | Stromsteuer: | Hauptzollamt | **0,5 P** |

## 3. Aufgabe (3,0 Punkte)

Die Eheleute Landsmann erfüllen die Voraussetzungen i. S. des § 1 Abs. 3 EStG und können damit auf Antrag als unbeschränkt einkommensteuerpflichtig behandelt werden:

1. Kein Wohnsitz oder gewöhnlicher Aufenthalt im Inland. **0,5 P**
2. Inländische Einkünfte gem. § 49 EStG. **0,5 P**
3. Einkünfte 2020 unterliegen zu mindestens 90 % der deutschen Einkommensteuer.

   (Einkünfte insgesamt: 46 860 €, davon ausländische Einkünfte 4 240 € = 9,05 % der Einkünfte insgesamt; auch die Alternative, ausländische Einkünfte ≤ 9 408 € = Grundfreibetrag, ist erfüllt). **1,0 P**
4. Bescheinigung über die Höhe der ausländischen Einkünfte liegt vor. **1,0 P**

## 4. Aufgabe (4,0 Punkte)

Der (steuerpflichtige) Bruttoarbeitslohn des Mandanten Helmut Hillmann für 2020 ermittelt sich wie folgt:

| | | |
|---|---|---|
| Bruttoarbeitslohn für die Anlage N (Zeile 6): | 37 250 € | **0,5 P** |
| Kindergartenzuschuss des Arbeitgebers: | Steuerfrei gem. § 3 Nr. 33 EStG. | **1,0 P** |
| Geldwerter Vorteil aus Personalrabatt: | Steuerfrei gem. § 8 Abs. 3 EStG, da der geldwerte Vorteil in 2020 den Betrag i. H. von 1 080 € nicht überstiegen hat (Freibetrag). | **1,0 P** |
| Reisekostenerstattung: | Steuerfrei gem. § 3 Nr. 16 EStG. | **0,5 P** |
| Zuwendung Arbeitnehmerjubiläum: | Die Zuwendung anlässlich des zehnjährigen Arbeitnehmerjubiläums stellt zwar Bruttoarbeitslohn dar (**0,5 P**), sie ist zugleich allerdings Arbeitslohn für mehrere Kalenderjahre. Daher ist dieser Betrag in die Zeile 17 der Anlage N einzutragen (**0,5 P**). | **1,0 P** |

ERGÄNZENDER HINWEIS:

Der Grund für die Eintragung der Zuwendung anlässlich des Firmenjubiläums in Zeile 17 der Anlage N liegt in der ermäßigten Besteuerung dieser Zuwendung (§ 34 EStG, sog. „Fünftel-Regelung").

**2020**

## Anlage N

**Jeder Ehegatte / Lebenspartner mit Einkünften aus nichtselbständiger Arbeit hat eine eigene Anlage N abzugeben.**

| Zeile | | |
|---|---|---|
| 1 | Name | Hillmann |
| 2 | Vorname | Helmut |
| 3 | **Steuernummer** | |
| 4 | Sofern keine IdNr. vorhanden: **eTIN** lt. Lohnsteuerbescheinigung(en) / **eTIN** lt. weiterer Lohnsteuerbescheinigung(en) | |

X stpfl. Person / Ehemann / Person A

Ehefrau / Person B

Daten für die mit (e) gekennzeichneten Zeilen liegen im Regelfall vor und müssen nicht eingetragen werden. – Bitte Infoblatt eDaten / Anleitung beachten –

4

### Einkünfte aus nichtselbständiger Arbeit

**Angaben zum Arbeitslohn**

| Zeile | | Kz. | Lohnsteuerbescheinigung(en) Steuerklasse 1 – 5 (EUR, Ct) | Kz. | Lohnsteuerbescheinigung(en) Steuerklasse 6 oder einer Urlaubskasse (EUR, Ct) | |
|---|---|---|---|---|---|---|
| 5 | **Steuerklasse** | 168 | 3 | | | (e) |
| 6 | Bruttoarbeitslohn | 110 | 37 250,— | 111 | ,— | (e) |
| 7 | Lohnsteuer | 140 | , | 141 | , | (e) |
| 8 | Solidaritätszuschlag | 150 | , | 151 | , | (e) |
| 9 | Kirchensteuer des Arbeitnehmers | 142 | , | 143 | , | (e) |
| 10 | Nur bei Konfessionsverschiedenheit: Kirchensteuer für den Ehegatten / Lebenspartner | 144 | , | 145 | , | (e) |

| Zeile | | Kz. | 1. Versorgungsbezug | Kz. | 2. Versorgungsbezug | |
|---|---|---|---|---|---|---|
| 11 | **Steuerbegünstigte Versorgungsbezüge** (in Zeile 6 enthalten) | 200 | ,— | 210 | ,— | (e) |
| 12 | Bemessungsgrundlage für den Versorgungsfreibetrag lt. Nr. 29 der Lohnsteuerbescheinigung | 201 | ,— | 211 | ,— | (e) |
| 13 | Maßgebendes Kalenderjahr des Versorgungsbeginns lt. Nr. 30 der Lohnsteuerbescheinigung | 206 | JJJJ | 216 | JJJJ | (e) |
| 14 | Bei unterjähriger Zahlung: Erster und letzter Monat, für den Versorgungsbezüge gezahlt wurden, lt. Nr. 31 der Lohnsteuerbescheinigung | 202 / 203 | Monat MM – Monat MM | 212 / 213 | Monat MM – Monat MM | (e) |
| 15 | Sterbegeld, Kapitalauszahlungen / Abfindungen und Nachzahlungen von Versorgungsbezügen lt. Nr. 32 der Lohnsteuerbescheinigung (in den Zeilen 6 und 11 enthalten) | 204 | ,— | 214 | ,— | (e) |
| 16 | Ermäßigt zu besteuernde Versorgungsbezüge für mehrere Jahre lt. Nr. 9 der Lohnsteuerbescheinigung | 205 | ,— | 215 | ,— | (e) |
| 17 | **Ermäßigt besteuerte Entschädigungen / Arbeitslohn für mehrere Jahre** lt. Nr. 10 der Lohnsteuerbescheinigung | | | 166 | 300,— | (e) |
| 18 | **Entschädigungen / Arbeitslohn für mehrere Jahre** – ggf. lt. Nr. 19 der Lohnsteuerbescheinigung – vom Arbeitgeber nicht ermäßigt besteuert | | | 165 | ,— | (e) |

Steuerabzugsbeträge zu den Zeilen 16 und 17

| Zeile | | Kz. | | | Kz. | | |
|---|---|---|---|---|---|---|---|
| 19 | Lohnsteuer | 146 | , | Solidaritätszuschlag | 152 | , | (e) |
| 20 | Kirchensteuer Arbeitnehmer | 148 | , | Kirchensteuer Ehegatte / Lebenspartner | 149 | , | (e) |

| Zeile | | Kz. | EUR |
|---|---|---|---|
| 21 | Steuerpflichtiger Arbeitslohn, von dem kein Steuerabzug vorgenommen worden ist (soweit nicht in der Lohnsteuerbescheinigung enthalten) | 115 | ,— |
| 22 | Steuerfreier Arbeitslohn nach Doppelbesteuerungsabkommen / sonstigen zwischenstaatlichen Übereinkommen (Übertrag aus den Zeilen 52, 71 und / oder 82 der ersten **Anlage N-AUS**) | 139 | ,— |
| 23 | Steuerfreier Arbeitslohn nach Auslandstätigkeitserlass (Übertrag aus Zeile 67 der ersten **Anlage N-AUS**) | 136 | ,— |
| 24 | Steuerfreie Einkünfte (Besondere Lohnbestandteile) nach Doppelbesteuerungsabkommen / sonstigen zwischenstaatlichen Übereinkommen / Auslandstätigkeitserlass (Übertrag aus Zeile 81 der ersten **Anlage N-AUS**) | 178 | ,— |
| 25 | Beigefügte **Anlage(n) N-AUS** | | Anzahl |
| 26 | Grenzgänger nach (117: 2 = Frankreich, 3 = Schweiz, 4 = Österreich); Arbeitslohn in EUR / CHF (116) ,— | 135 | Schweizerische Abzugsteuer in CHF , |
| 27 | Steuerfrei erhaltene Aufwandsentschädigungen / Einnahmen – aus der Tätigkeit als | 118 | ,— |
| 28 | **Kurzarbeitergeld, Zuschuss zum Mutterschaftsgeld, Verdienstausfallentschädigung nach dem Infektionsschutzgesetz, Aufstockungsbeträge nach dem Altersteilzeitgesetz, Altersteilzeitzuschläge nach Besoldungsgesetzen (lt. Nr. 15 der Lohnsteuerbescheinigung)** | 119 | ,— (e) |

**2020AnlN031** – April 2020 – **2020AnlN031**

## 5. Aufgabe (7,0 Punkte)

**Lohnabrechnung Dezember 2020:**

| | | | |
|---|---|---|---|
| Bruttogehalt Dezember 2020 | 2 150,00 € | | |
| Weihnachtsgeld | 1 075,00 € | | |
| Bruttogehalt insgesamt: | | 3 225,00 € | **0,5 P** |
| Lohnsteuer Dezember 2020 | 491,50 € | | |
| Kirchensteuer rk. (9 %) | 44,23 € | | **0,5 P** |
| Solidaritätszuschlag (5,5 %) | 27,03 € | | **0,5 P** |
| Steuerrechtliche Abzüge | | ./. 562,76 € | **0,5 P** |
| Sozialversicherungsrechtliche Abzüge (20,68 %) | | ./. 666,93 € | **0,5 P** |
| Nettobezug Reisekosten (steuerfrei) | | 144,00 € | **0,5 P** |
| Auszahlungsbetrag: | | 2 139,31 € | |
| Lohnsteuer-Anmeldung Dezember 2020 insgesamt | | | **4,0 P** |

(je Eintragung **0,5 P**)

- Bitte weiße Felder ausfüllen oder ☒ ankreuzen und Hinweise auf der Rückseite beachten -

| Fallart | Steuernummer | Unterfallart |
|---|---|---|
| 11 | 336/5021/2123 | 62 |

**2020**

30 Eingangsstempel oder -datum

Finanzamt

Münster-Außenstadt
Postfach 6129

48136 Münster

# Lohnsteuer-Anmeldung 2020

**Anmeldungszeitraum**

bei monatlicher Abgabe bitte ankreuzen

| | | | | | |
|---|---|---|---|---|---|
| 20 01 | Jan. | | 20 07 | Juli | |
| 20 02 | Feb. | | 20 08 | Aug. | |
| 20 03 | März | | 20 09 | Sept. | |
| 20 04 | April | | 20 10 | Okt. | |
| 20 05 | Mai | | 20 11 | Nov. | |
| 20 06 | Juni | | 20 12 | Dez. | X |

bei vierteljährlicher Abgabe bitte ankreuzen

| | | |
|---|---|---|
| 20 41 | I. Kalendervierteljahr | |
| 20 42 | II. Kalendervierteljahr | |
| 20 43 | III. Kalendervierteljahr | |
| 20 44 | IV. Kalendervierteljahr | |

bei jährlicher Abgabe bitte ankreuzen

| | | |
|---|---|---|
| 20 19 | Kalenderjahr | |

Arbeitgeber - Anschrift der Betriebsstätte - Telefonnummer - E-Mail

Bernd Brinkmann
Heizung / Sanitär
Rohrweg 2
48167 Münster

| | | |
|---|---|---|
| **Berichtigte Anmeldung** (falls ja, bitte eine „1" eintragen) | 10 | |
| **Zahl der Arbeitnehmer** (einschl. Aushilfs- und Teilzeitkräfte) | 86 | 1 |
| **zu Zeile 22: Zahl der Arbeitnehmer mit BAV-Förderbetrag** | 90 | |

| Zeile | | Kz. | EUR | Ct |
|---|---|---|---|---|
| 18 | Summe der einzubehaltenden Lohnsteuer [1)] [2)] | 42 | 491 | 50 |
| 19 | Summe der pauschalen Lohnsteuer - ohne § 37b EStG - [1)] | 41 | | |
| 20 | Summe der pauschalen Lohnsteuer nach § 37b EStG [1)] | 44 | | |
| 21 | abzüglich Kürzungsbetrag für Besatzungsmitglieder von Handelsschiffen | 33 | | |
| 22 | abzüglich Förderbetrag zur betrieblichen Altersversorgung nach § 100 EStG (BAV-Förderbetrag) [1)] | 45 | | |
| 23 | Verbleiben [1)] | 48 | 491 | 50 |
| 24 | Solidaritätszuschlag [1)] [2)] | 49 | 27 | 03 |
| 25 | pauschale Kirchensteuer im vereinfachten Verfahren | 47 | | |
| 26 | Evangelische Kirchensteuer - ev [1)] [2)] | 61 | | |
| 27 | Römisch-Katholische Kirchensteuer - rk [1)] [2)] | 62 | 44 | 23 |
| 28 | | | | |
| 29 | | | | |
| 30 | | | | |
| 31 | | | | |
| 32 | | | | |
| 33 | **Gesamtbetrag** [1)] | 83 | 562 | 76 |

1) Negativen Beträgen ist ein Minuszeichen voranzustellen
2) Nach Abzug der im Lohnsteuer-Jahresausgleich erstatteten Beträge

Ein Erstattungsbetrag wird auf das dem Finanzamt benannte Konto überwiesen, soweit der Betrag nicht mit Steuerschulden verrechnet wird.
**Verrechnung des Erstattungsbetrags erwünscht/Erstattungsbetrag ist abgetreten** (falls ja, bitte eine „1" eintragen) ............ 29
Geben Sie bitte die Verrechnungswünsche auf einem besonderen Blatt oder auf dem beim Finanzamt erhältlichen Vordruck „Verrechnungsantrag" an.

Das **SEPA-Lastschriftmandat** wird ausnahmsweise (z. B. wegen Verrechnungswünschen) für diesen Anmeldungszeitraum **widerrufen** (falls ja, bitte eine „1" eintragen) ............ 26
Ein ggf. verbleibender Restbetrag ist gesondert zu entrichten.

Über die Angaben in der Steueranmeldung hinaus sind weitere oder abweichende Angaben oder Sachverhalte zu berücksichtigen (falls ja, bitte eine „1" eintragen) ............ 23
Diese ergeben sich aus der beigefügten Anlage, welche mit der Überschrift „Ergänzende Angaben zur Steueranmeldung" gekennzeichnet ist.

Datum, Unterschrift

**Datenschutzhinweis:**
Die mit der Steueranmeldung angeforderten Daten werden auf Grund der §§ 149, 150 der Abgabenordnung und des § 41a des Einkommensteuergesetzes erhoben. Die Angabe der Telefonnummer und der E-Mail-Adresse ist freiwillig.
Informationen über die Verarbeitung personenbezogener Daten in der Steuerverwaltung und über Ihre Rechte nach der Datenschutz-Grundverordnung sowie über Ihre Ansprechpartner in Datenschutzfragen entnehmen Sie bitte dem allgemeinen Informationsschreiben der Finanzverwaltung. Dieses Informationsschreiben finden Sie unter www.finanzamt.de (unter der Rubrik „Datenschutz") oder erhalten Sie bei Ihrem Finanzamt.

3.19 - **LStA** - Lohnsteuer-Anmeldung 2020 -

## 6. Aufgabe (8,5 Punkte)

a) **Einkommensteuerliches Ergebnis der Dreigestirn OHG für das Jahr 2020:**

| | | | |
|---|---|---|---|
| Handelsrechtlicher Verlust 2020 | | ./. 21 000 € | **0,5 P** |
| Tätigkeitsvergütung Prinz: | | | |
| 6 750 € x 13 = | | + 87 750 € | **1,5 P** |
| Tätigkeitsvergütung Jungfrau: | | | |
| 5 300 € x 13 = | | + 68 900 € | **1,5 P** |
| Miete, Zins Bauer: | | | |
| 1 240 € x 12 = | 14 880 € | | |
| 150 000 € x 6 % x $^{6}/_{12}$ = | 4 500 € | + 19 380 € | |
| Steuerrechtlicher Gewinn für 2020 | | 155 030 € | **0,5 P** |

b) **Einkünfte der Gesellschafter Prinz, Jungfrau und Bauer aus der Dreigestirn OHG für 2020:**

| | Prinz | Jungfrau | Bauer | insgesamt |
|---|---|---|---|---|
| Tätigkeitsvergütung **1,0 P** | 87 750 € | 68 900 € | | 156 650 € |
| Miete, Zins **1,0 P** | | | 19 380 € | 19 380 € |
| Handelsrechtlicher Verlustanteil **1,0 P** | ./. 7 000 € | ./. 7 000 € | ./. 7 000 € | ./. 21 000 € |
| Einkommensteuerlicher Gewinnanteil **1,5 P** | 80 750 € | 61 900 € | 12 380 € | 155 030 € |

ERGÄNZENDER HINWEIS:

Der Verlust eines Geschäftsjahrs wird auf die Gesellschafter nach Köpfen verteilt, § 121 Abs. 3 HGB.

## 7. Aufgabe (10,5 Punkte)

a) **Einkünfte aus Vermietung und Verpachtung, § 21 Abs. 1 Satz 1 Nr. 1 EStG:** **1,0 P**

| | | |
|---|---|---|
| **Einnahmen** | | |
| Mieteinnahmen: 8 x 3 960 € = | 31 680 € | **1,0 P** |
| **Werbungskosten** | | |
| Abschreibung: | | |
| (600 000 € ./. 120 000 €) x 2 % x $^{8}/_{12}$ = | ./. 6 400 € | **2,0 P** |
| Schuldzinsen | ./. 18 000 € | **0,5 P** |
| Sonstige Hausaufwendungen | ./. 12 600 € | **0,5 P** |
| Einkünfte | ./. 5 320 € | |

b) **Einkünfte aus privaten Veräußerungsgeschäften, § 22 Nr. 2 i. V. mit § 23 EStG:** **2,0 P**

| | | | |
|---|---|---|---|
| Verkaufspreis | | 565 000 € | |
| abzgl. Anschaffungskosten | 600 000 € | | **1,0 P** |
| abzgl. Abschreibung für fünf Jahre | ./. 48 000 € | ./. 552 000 € | **1,5 P** |
| abzgl. Veräußerungskosten | | ./. 675 € | **0,5 P** |
| Einkünfte | | 12 325 € | |
| Summe der Einkünfte | | 7 005 € | **0,5 P** |

ERGÄNZENDE HINWEISE:

Bei der Veräußerung eines Grundstücks handelt es sich um ein privates Veräußerungsgeschäft (§ 22 Nr. 2 i. V. mit § 23 EStG), sofern der Zeitraum zwischen Anschaffung und Veräußerung nicht mehr als zehn Jahre beträgt. Maßgebend dabei sind die obligatorischen Rechtsgeschäfte (hier die jeweiligen Kaufverträge vom 1. 8. 2015 sowie vom 30. 6. 2020).

Bei Ermittlung des Gewinns aus privaten Veräußerungsgeschäften sind die Abschreibungen, die bei Ermittlung der Einkünfte i. S. des § 2 Abs. 1 Satz 1 Nr. 4 bis 6 EStG abgezogen worden sind, zu berücksichtigen. Vorliegend wurden Abschreibungsbeträge für insgesamt fünf Jahre als Werbungskosten berücksichtigt (maßgebend dabei ist das wirtschaftliche Eigentum i. S. des § 39 Abs. 2 AO = Übergang von Nutzen und Lasten: 1. 9. 2015 bis 1. 9. 2020).

# Klausur 2: Aufgaben

## I. Wirtschafts- und Sozialkunde (25,0 Punkte)

### 1. Aufgabe (3,0 Punkte)

Viola Grinzing, 20 Jahre alt, hat mit dem Steuerberater Hülsmann einen Ausbildungsvertrag geschlossen. Noch während der vereinbarten Probezeit erkennt sie, dass sie für die Büroarbeit nicht geeignet ist.

AUFGABEN:

a) Kann Viola Grinzing den Ausbildungsvertrag kündigen?

b) Muss sie eine Kündigungsfrist beachten? Wenn ja, welche?

c) Hat sie Formvorschriften zu beachten?

### 2. Aufgabe (5,0 Punkte)

Rechtliche Regelungen ergeben sich entweder aus dem Privatrecht oder aus dem öffentlichen Recht.

AUFGABEN:

a) Nennen Sie je drei Rechtsgebiete oder Einzelgesetze des privaten Rechts und des öffentlichen Rechts.

b) Wodurch unterscheiden sich privates und öffentliches Recht?

### 3. Aufgabe (4,0 Punkte)

Margarete Wildermann ist 72 Jahre alt und verwitwet. Ihrem Enkel Florian Düllert hat sie am 1. 9. 2020 im Beisein von Zeugen versprochen, ihm zum 20. Geburtstag einen neuen Pkw im Wert i. H. von 25 000 € zu schenken.

AUFGABEN:

a) Kann Florian Düllert auch dann den Pkw verlangen, wenn seine Großmutter sich später an ihr Versprechen nicht mehr erinnert?

b) Ist eine Schenkung ein einseitiges oder ein zweiseitiges Rechtsgeschäft? Begründen Sie Ihre Entscheidung.

## 4. Aufgabe (6,0 Punkte)

Die 16-jährige Karin Kleinschmidt ist Schülerin des Momsen-Gymnasiums in Berlin-Zehlendorf. Während ihrer Freizeit jobbt sie mit Zustimmung ihrer Eltern werktags für drei Stunden täglich in einem Schnellrestaurant.

Nach 14 Tagen stellt sie fest, dass diese Tätigkeit sehr anstrengend ist und ihre schulischen Leistungen darunter leiden. Deshalb kündigt sie ohne Zustimmung ihrer Eltern den Arbeitsvertrag.

AUFGABEN:

Prüfen Sie, ob

a) der Arbeitsvertrag rechtswirksam zustande gekommen ist;
b) die Kündigung des Arbeitsvertrags rechtswirksam ist oder ob Karin ohne die vorliegende Zustimmung der Eltern zur Kündigung weiterarbeiten muss.

Begründen Sie Ihre Auffassung.

## 5. Aufgabe (4,0 Punkte)

Gastwirt Bruno Flasche will sich in einem Jahr zur Ruhe setzen und schon jetzt die günstigste Gelegenheit zum Kauf eines Hauses in Florida wahrnehmen. Weil er dafür Geld benötigt, verkauft er am 31. 12. 2020 seine Gaststätte, die er in gemieteten Räumen betreibt, für 100 000 € an Stefan Alt. Vereinbarungsgemäß wird Alt die Gaststätte aber erst in zwölf Monaten, also am 31. 12. 2021, übernehmen. Bis dahin pachtet Flasche die Gaststätte von Alt und zahlt monatlich 900 € Pacht.

AUFGABEN:

a) Zu welchem Zeitpunkt wird Alt Eigentümer der Gaststätte?
b) Wie erfolgt die Eigentumsübertragung?
c) Erläutern Sie die Eigentums- und Besitzverhältnisse an der Gaststätte nach der Veräußerung.

## 6. Aufgabe (3,0 Punkte)

AUFGABE:

Welche Weiterqualifizierungsmöglichkeiten in Ihrem erlernten Beruf des/r Steuerfachangestellten gibt es? Bitte nennen Sie ohne zu begründen drei mögliche Berufs-Fortbildungsprüfungen oder Berufs-Examen.

# II. Rechnungswesen (38,5 Punkte)

## 1. Aufgabe (9,0 Punkte)

Die Firma Elsner & Co., Bauunternehmung und Baustoffhandlung in Wuppertal, beschäftigt u. a. Frau Annemarie Springer in der Buchhaltung. Frau Springer ist 38 Jahre alt, ledig und erhält ein monatliches Bruttogehalt i. H. von 3 450,50 €. Sie hat keine Kinder und ist römisch-katholisch.

Von ihrem Gehalt lässt sie jeweils 13 € monatlich als vermögenswirksame Leistung auf einen Bausparvertrag überweisen. Ihr Arbeitgeber trägt zusätzlich mit monatlich 27 € freiwillig zu ihrer Vermögensbildung bei.

Für den Monat März 2020 erhält sie zusätzlich 150 € Urlaubsgeld, muss aber einen Vorschuss i. H. von 250 € zurückzahlen und lässt einen Personaleinkauf über 166,60 € mit ihrem Gehalt verrechnen.

Folgende weitere Informationen liegen vor:

| | |
|---|---|
| Lohnsteuer auf den Bruttolohn | 575,75 € |
| Steuersatz Kirchensteuer | 9 % |
| Steuersatz Solidaritätszuschlag | 5,5 % |
| Rentenversicherung | 18,6 % |
| Arbeitslosenversicherung | 2,4 % |
| Pflegeversicherung | 3,05 % |
| Zuschlag Pflegeversicherung (kinderlos) | 0,25 % |
| Krankenversicherung | 14,6 % |
| Zusatzbeitrag Krankenversicherung | 1,1 % |

Der Arbeitgeberanteil zur Sozialversicherung inkl. U1, U2 und U3 beträgt 812,74 €.

AUFGABEN:

a) Ermitteln Sie in einer übersichtlichen Darstellung den Bruttolohn, den Nettolohn und den Auszahlungsbetrag.

b) Buchen Sie die Gehaltsabrechnung nach der Bruttomethode einschließlich des bisher nicht erfassten Personalkaufs.

ERGÄNZENDER HINWEIS:

Runden Sie bitte Steuern und Sozialversicherungsbeiträge zugunsten des Steuerpflichtigen auf zwei Nachkommastellen ab.

## 2. Aufgabe (7,5 Punkte)

Der Firma Elsner & Co. entstanden beim Einkauf eines Postens „Außenkamine" folgende Aufwendungen:

1. **Rechnung des Lieferanten:**

| | |
|---|---|
| 200 Stück Außenkamine „Merkur 65": | |
| Stückpreis 142,50 € = | 28 500 € |
| + 19 % Umsatzsteuer | 5 415 € |
| = Rechnungsbetrag | 33 915 € |

2. **Rechnung der Spedition Müller:**

| | |
|---|---|
| Transport Lager Köln – Wuppertal: | |
| 72 km x 11,20 €/km = | 806,40 € |
| + Transportversicherung $^5/_{1000}$ vom Warenwert | 142,50 € |
| + Pfand für 1 Container (Intercargo) | 1 200,00 € |
| = | 2 148,90 € |
| + 19 % Umsatzsteuer (ohne Versicherung) | 381,22 € |
| = Rechnungsbetrag | 2 530,12 € |

3. Seinem Handelsvertreter erteilte die Firma eine Gutschrift über 2,5 %.

| | |
|---|---|
| Einkaufsprovision vom Warenwert für die Vermittlung des Kaufvertrags | 712,50 € |
| + 19 % Umsatzsteuer | 135,38 € |
| = Summe Gutschrift | 847,88 € |

4. Bei der Finanzierung des Warenkaufs berechnete die Bank Überziehungszinsen i. H. von 570 €

AUFGABEN:

a) Erstellen Sie die Buchungssätze für diese Vorgänge.

b) Buchen Sie die Rückgabe des Containers an den Spediteur.

## 3. Aufgabe (6,0 Punkte)

Die Firma Elsner & Co. hat beim Hersteller Jungheinrich einen Spezial-Gabelstapler für Hochregale bestellt. Vereinbarungsgemäß wurden folgende Anzahlungen durch Banküberweisung geleistet:

| | | |
|---|---|---|
| a) Am 3. 4. 2020 (ohne Rechnung) | | 34 800 € |
| b) Am 17. 4. 2020 | 5 000 € | |
| + 19 % Umsatzsteuer | 950 € | 5 950 € |

| | | |
|---|---|---|
| c) | Am 30. 4. 2020 (ohne Rechnung) | 6 960 € |
| | Am 4. 5. 2020 wurde das Gerät geliefert und wie folgt berechnet: | |
| | Gabelstapler „Titan 5000“ | 70 000 € |
| | + 19 % Umsatzsteuer | 13 300 € |
| | = | 83 300 € |
| | ./. geleistete Anzahlungen | 47 710 € |
| | = verbleibende Restzahlung | 35 590 € |

AUFGABEN:

Buchen Sie

a) die geleisteten Anzahlungen bei der Firma Elsner & Co. und

b) den Eingang des Geräts bei der Firma Elsner & Co.

## 4. Aufgabe (6,0 Punkte)

Die Firma Elsner & Co. (Wirtschaftsjahr = Kalenderjahr) nahm zur Finanzierung des Gabelstaplers Anfang Mai 2020 einen Kredit bei der Sparkasse Wuppertal auf. Aus dem Kreditvertrag ergeben sich folgende Konditionen (deutsche/kaufmännische Zinsmethode):

- Darlehensbetrag 50 000 €
- Zinssatz 3 %
- Fälligkeit der Zinsen jeweils zum 31. 10. und 30. 4. eines Jahres.
- Auszahlungskurs 95 %
- Rückzahlung des Darlehens zum 30. 4. 2025 in einer Summe.

AUFGABEN:

Wie ist

1. am 4. 5. 2020 bei Darlehensauszahlung,
2. am 31. 10. 2020 bei Zinszahlung und
3. am 31. 12. 2020 beim Jahresabschluss

zu buchen?

## 5. Aufgabe (3,0 Punkte)

Bei der Firma Elsner & Co. sind bei einem Einbruch nachweislich Waren im Wert i. H. von 10 000 € (= Netto-Einkaufspreis) gestohlen worden. Die Ware ist nicht versichert.

AUFGABEN:

a) Welche Auswirkungen hat dieser Vorgang auf Wareneinsatz und Rohgewinn, wenn die Buchung des Diebstahls unterbleibt?

b) Welche Auswirkung hat der Vorgang auf den Reingewinn?

## 6. Aufgabe (7,0 Punkte)

Bei der Firma Elsner & Co. ergaben sich für das Wirtschaftsjahr 2020 aus der Buchführung und den Inventurunterlagen u. a. folgende Werte:

| | |
|---|---|
| ► Warenbestand 1. 1. 2020 | 60 000 € |
| ► Warenbestand 31. 12. 2020 | 80 000 € |
| ► Wareneingang | 440 000 € |
| ► Warenbezugskosten | 10 000 € |
| ► Preisnachlässe für Kunden | 20 000 € |
| ► Rücksendungen an Lieferanten | 8 000 € |
| ► Verkaufserlöse | 653 000 € |
| ► Sonstige Betriebsausgaben | 124 000 € |

AUFGABEN:

Berechnen Sie für das Wirtschaftsjahr 2020

a) den Wareneinsatz,

b) den Rohgewinn,

c) den Reingewinn und

d) den Kalkulationszuschlag (Rohgewinnaufschlagssatz).

# III. Steuerwesen (36,5 Punkte)

## 1. Aufgabe (4,0 Punkte)

AUFGABE:

Bitte geben Sie an, ob es sich im Folgenden um gesetzliche, behördliche, verlängerbare oder nicht verlängerbare Fristen handelt:

| | | Frist | | Verlängerbar | |
|---|---|---|---|---|---|
| | | gesetzlich | behördlich | ja | nein |
| 1) | Einspruchsfrist | | | | |
| 2) | Abgabefrist Einkommensteuererklärung | | | | |
| 3) | Stundungsfrist | | | | |
| 4) | Zahlungsfrist Umsatzsteuer-Zahllast | | | | |

## 2. Aufgabe (5,0 Punkte)

Werner Weltenbummler liebt Fernreisen, von denen er sich stets Andenken mitbringt. Im Frühjahr 2021 war es eine schwere Virusinfektion, die ihm einen Krankenhausaufenthalt im Institut für Tropenkrankheiten einbrachte (7. 4. 2021 bis 3. 5. 2021). Am 7. 6. 2021 kommt Weltenbummler endlich dazu, seine Post der letzten Wochen zu bearbeiten. Auf dem Schreibtisch findet er seinen Einkommensteuerbescheid für 2019 (Aufgabe zur Post am 22. 3. 2021).

Weltenbummler möchte gegen den Bescheid Einspruch einlegen, da Unterhaltsleistungen zu Unrecht nicht als außergewöhnliche Belastungen berücksichtigt wurden.

**Auszug aus dem Kalender 2021**

| | März | | | | | April | | | | | Mai | | | | | | Juni | | | | |
|---|---|---|---|---|---|---|---|---|---|---|---|---|---|---|---|---|---|---|---|---|---|
| Mo | 1 | 8 | 15 | 22 | 29 | | **5** | 12 | 19 | 26 | | 3 | 10 | 17 | **24** | 31 | | 7 | 14 | 21 | 28 |
| Di | 2 | 9 | 16 | 23 | 30 | | 6 | 13 | 20 | 27 | | 4 | 11 | 18 | 25 | | 1 | 8 | 15 | 22 | 29 |
| Mi | 3 | 10 | 17 | 24 | 31 | | 7 | 14 | 21 | 28 | | 5 | 12 | 19 | 26 | | 2 | 9 | 16 | 23 | 30 |
| Do | 4 | 11 | 18 | 25 | | 1 | 8 | 15 | 22 | 29 | | 6 | **13** | 20 | 27 | | **3** | 10 | 17 | 24 | |
| Fr | 5 | 12 | 19 | 26 | | **2** | 9 | 16 | 23 | 30 | | 7 | 14 | 21 | 28 | | 4 | 11 | 18 | 25 | |
| Sa | 6 | 13 | 20 | 27 | | 3 | 10 | 17 | 24 | | **1** | 8 | 15 | 22 | 29 | | 5 | 12 | 19 | 26 | |
| So | 7 | 14 | 21 | 28 | | 4 | 11 | 18 | 25 | | 2 | 9 | 16 | 23 | 30 | | 6 | 13 | 20 | 27 | |

Karfreitag 2. April, Ostermontag 5. April, Maifeiertag 1. Mai, Christi Himmelfahrt 13. Mai, Pfingstmontag 24. Mai, Fronleichnam 3. Juni

AUFGABE:

Prüfen Sie, ob Weltenbummler mit seinem Einspruch Erfolg haben wird. Begründen Sie Ihre Lösung durch eine übersichtliche Fristberechnung unter Einbeziehung der vorgegebenen Daten.

## 3. Aufgabe (7,0 Punkte)

Dr. Kremer ist Rechtsanwalt und betreibt seine Praxis in Köln-Nippes, Lindenstr. 25. Er versteuert seine Umsätze nach vereinnahmten Entgelten mit 19 %. Voranmeldungszeitraum ist das Kalendervierteljahr.

Die umsatzsteuerliche Auswirkung folgender Sachverhalte auf die Umsatzsteuer-Voranmeldung für II/2021 ist noch zu klären:

a) Beim Kauf eines neuen Computers für seine Praxis hat er das Altgerät für 100 € in Zahlung geben können.

b) Für den Mandanten Laukötter muss eine Honorar-Rechnung erstellt werden, die folgende Positionen umfassen soll:

- Honorar für Vertretung vor dem Amtsgericht 380 €
- Honorar für Rechtsberatung 70 €
- Schreibgebühren und Porti 22 €
- Verauslagte Gerichtskosten 225 €
- Umsatzsteuer ?

c) Auf dem betrieblichen Bankkonto gingen 450 € ein. Es handelt sich um den Erlös aus dem Verkauf eines geerbten Gemäldes.

d) Der Mandant Neumann hat die Honorar-Rechnung für die Strafverteidigung vor dem Landgericht in Köln i. H. von 1 428 € erst nach Einleitung von Maßnahmen zur Zwangsvollstreckung bezahlt. Der Gerichtsvollzieher überweist zusätzlich zum Rechnungsbetrag Verzugszinsen i. H. von 150,80 €.

AUFGABE:

Tragen Sie die Ergebnisse in die nachfolgende Tabelle ein und begründen Sie Ihre Auffassung zu b) bis d):

| Art des Umsatzes | | Steuerbar | | Bemessungsgrundlage | Umsatzsteuer |
|---|---|---|---|---|---|
| | | ja | nein | | |
| a) | | | | | |
| b) | | | | | |
| c) | | | | | |
| d) | | | | | |

## 4. Aufgabe (14,5 Punkte)

Ihr Mandant Erich Ekel, wohnhaft in Essen, ledig, geb. am 22. 3. 1955, war im Veranlagungszeitraum 2020 von Januar 2020 bis März 2020 als kaufmännischer Angestellter bei der Hafen-AG

Duisburg tätig. Seit April 2020 bezieht Ekel eine Betriebsrente und eine Rente von der Deutschen Rentenversicherung.

Aus der Lohnsteuerbescheinigung 2020 **(Beleg 1)** ergibt sich Folgendes (Beträge in €):

| **Dauer des Dienstverhältnisses** | **1. 1. 2020 bis 31. 3. 2020** | **1. 4. 2020 bis 31. 12. 2020** |
|---|---|---|
| Bruttoarbeitslohn | 9 000,00 | 7 500 |
| Einbehaltene Lohnsteuer | 1 671,24 | |
| Einbehaltener Solidaritätszuschlag | 91,89 | |
| Einbehaltene Kirchensteuer | 150,39 | |
| Steuerbegünstigte Versorgungsbezüge | | 7 500 |

Aus der Mitteilung der Rentenversicherung **(Beleg 2)** sind folgende Angaben ersichtlich (Beträge in €):

| | **Bisher** | **Neu ab 1. 4. 2020** |
|---|---|---|
| Rentenbetrag | 0 | 1 875,00 |
| Krankenversicherung | 0 | 126,56 |
| Beitragsanteil Pflegeversicherung | 0 | 15,94 |
| Auszuzahlender Betrag | 0 | 1 732,50 |

Mit Schreiben vom 5. 2. 2021 der Hafen-AG Duisburg **(Beleg 3)** wird bestätigt, dass Ekel in 2020 für die Teilnahme an drei Aufsichtsratssitzungen insgesamt 2 500 € erhalten hat.

Aus der von der Sparkasse Essen für den Mandanten ausgestellten Jahresbescheinigung über Kapitalerträge **(Beleg 4a)** können Sie folgende Informationen entnehmen:

Sparkasse Essen

**Steuerbescheinigung**
**Bescheinigung für alle Privatkonten**

für Herrn Erich Ekel, Grubenstraße 13, 44123 Essen
werden für das Kalenderjahr 2020 folgende Angaben bescheinigt:

| | **EUR/CT** |
|---|---|
| Höhe der Kapitalerträge ........ Zeile 7 Anlage KAP (ohne Erträge aus Lebensversicherungen i. S. des § 20 Abs. 1 Nr. 6 Satz 2 EStG) | 1 050,00 |
| davon: Gewinn aus Aktienveräußerungen i. S. des § 20 Abs. 2 Satz 1 Nr. 1 EStG Zeile 8 Anlage KAP | |
| Höhe des in Anspruch genommenen Sparer-Pauschbetrags ........ Zeile 12 Anlage KAP | |
| Kapitalertragsteuer ........ Zeile 47 Anlage KAP | 262,50 |
| Solidaritätszuschlag ........ Zeile 48 Anlage KAP | 14,44 |
| Kirchensteuer zur Kapitalertragsteuer ........ Zeile 49 Anlage KAP | |

Aus dem Sparbuch (Volksbank Essen), das der Mandant Ihnen vorlegt **(Beleg 4b)**, ergeben sich folgende Kontobewegungen (Beträge in €):

| Datum | Text | Wert | Zugang | Abgang | Guthaben |
|---|---|---|---|---|---|
| 2. 1. 2020 | Zinsen 2019 | 31. 12. 2019 | 3 620 | | 125 000,00 |
| 2. 1. 2020 | Übertrag | 2. 1. 2020 | | | 125 000,00 |
| 24. 2. 2020 | Überweisung | 24. 2. 2020 | 10 000 | | 135 000,00 |
| 24. 2. 2020 | Einzahlung | 24. 2. 2020 | 12 000 | | 147 000,00 |
| 9. 10. 2020 | Überweisung | 9. 10. 2020 | | ./. 3 000,00 | 144 000,00 |
| 9. 10. 2020 | Einzahlung | 9. 10. 2020 | 5 000 | | 149 000,00 |
| 4. 1. 2021 | Zinsen 2020 | 31. 12. 2020 | 4 432 | | 153 432,00 |
| 4. 1. 2021 | Abgeltungsteuer | 31. 12. 2020 | | ./. 1 108,00 | 152 324,00 |
| 4. 1. 2021 | Solidaritätszuschlag | 31. 12. 2020 | | ./. 60,94 | 152 263,06 |
| 4. 1. 2021 | Kirchensteuer | 31. 12. 2020 | | ./. 99,72 | 152 163,34 |
| 30. 3. 2021 | Auszahlung | 30. 3. 2021 | | ./. 10 000,00 | 142 163,34 |

AUFGABE:

Ermitteln Sie anhand der vorgelegten Belege 1 bis 4b die Höhe der jeweiligen Einkünfte unter Angabe der Einkunftsart (Bezeichnung und gesetzliche Grundlage).

## 5. Aufgabe (6,0 Punkte)

Gerd Gärtner verkauft Gartenbedarf in Lamstedt. Er ist Eigentümer eines dreigeschossigen Gebäudes im Nachbarort Hemmoor. Die gleich großen Geschossflächen werden wie folgt genutzt:

Erdgeschoss: Ladenlokal, eigenbetrieblich genutzt

1. Obergeschoss: Wohnung, fremdvermietet (Miete monatlich 650 €, einschließlich Nebenkosten)

2. Obergeschoss: Wohnung, selbst genutzt

Gärtner hat das Gebäude (Baujahr 1988) im März 2018 zu einem Kaufpreis i. H. von 520 000 € erworben. Der Anteil des Grund und Bodens beträgt 15 %.

Folgende Aufwendungen sind in 2020 angefallen:

| | |
|---|---|
| Hypothekenzinsen | 21 840 € |
| Gebäudeversicherung | 421 € |
| Grundsteuer | 1 650 € |
| Sonstige Grundstücksaufwendungen | 9 660 € |
| Reparatur Gasetagenheizung 1. Obergeschoss | 850 € |

Im Rahmen seiner Gewinnermittlung (Verkauf von Gartenbedarf; Ladenlokal Erdgeschoss) hat Gärtner ausschließlich notwendiges Betriebsvermögen berücksichtigt.

AUFGABE:

Ermitteln Sie die Einkünfte aus Vermietung und Verpachtung des Herrn Gärtner für den Veranlagungszeitraum 2020 in einer übersichtlichen Darstellung und unter Verwendung der steuerrechtlichen Fachbegriffe.

# Klausur 2: Lösungen

## I. Wirtschafts- und Sozialkunde (25,0 Punkte)

### 1. Aufgabe (3,0 Punkte)

a) Ja. **1,0 P**

b) Während der Probezeit gibt es für beide Vertragsparteien keine Kündigungsfrist (§ 22 Abs. 1 BBiG). **1,0 P**

c) Die Kündigung hat schriftlich zu erfolgen (§ 22 Abs. 3 BBiG). **0,5 P**

Die Angabe des Kündigungsgrundes ist nicht erforderlich (§ 22 Abs. 2 BBiG). **0,5 P**

### 2. Aufgabe (5,0 Punkte)

a) **Privatrecht**

Bürgerliches Recht (BGB)

Handelsrecht (HGB)

AktG, GmbHG etc. **1,5 P**

**Öffentliches Recht**

Steuerrecht

Strafrecht

Verwaltungsrecht

ZPO, StVO etc. **1,5 P**

b) **Privatrecht**

Regelung der Rechtsbeziehungen von Privatpersonen untereinander. **1,0 P**

**Öffentliches Recht**

Regelung von Rechtsbeziehungen einzelner Rechtspersonen zu Körperschaften des öffentlichen Rechts (Bund, Länder, Gemeinden, Kirchen etc.). **1,0 P**

### 3. Aufgabe (4,0 Punkte)

a) Nein. Ein rechtswirksames Schenkungsversprechen muss notariell beurkundet sein (§ 518 Abs. 1 BGB). **2,0 P**

b) Die Schenkung ist ein zweiseitiges Rechtsgeschäft. Erforderlich sind die unentgeltliche Zuwendung durch den Schenker und deren Annahme durch den Beschenkten (§ 516 Abs. 2 BGB). **2,0 P**

### 4. Aufgabe (6,0 Punkte)

a) Der Arbeitsvertrag ist rechtswirksam zustande gekommen. **1,0 P**

Die 16-jährige Karin ist als Minderjährige beschränkt geschäftsfähig (§ 106 BGB). **1,0 P**

Die Einwilligung des gesetzlichen Vertreters liegt vor. **1,0 P**

b) Die Kündigung des Arbeitsvertrags ist rechtswirksam. **1,0 P**

Die Zustimmung der Eltern zum Arbeitsvertrag liegt vor. **1,0 P**

Karin wird dadurch für Rechtsgeschäfte, die mit der Eingehung oder der Aufhebung des Arbeitsverhältnisses zusammenhängen unbeschränkt geschäftsfähig (§ 113 Abs. 1 BGB). **1,0 P**

### 5. Aufgabe (4,0 Punkte)

a) Alt wird durch den Kaufvertrag vom 31. 12. 2020 Eigentümer der Gaststätte. **1,0 P**

b) Die Eigentumsübertragung der Gaststätte auf Alt erfolgte unter der Vereinbarung eines Besitzmittlungsverhältnisses in der Form eines Pachtvertrags. **1,0 P**

c) Dies bedeutet, dass Flasche nach Veräußerung der Gaststätte weiterhin Besitzer bleibt (aber nicht als Eigentümer, sondern als Pächter). **1,0 P**

Der Erwerber Alt ist Eigenbesitzer und mittelbarer Eigentümer geworden (§ 930 BGB). **1,0 P**

### 6. Aufgabe (3,0 Punkte)

Steuerfachwirt **1,0 P**

Steuerberater **1,0 P**

Bilanzbuchhalter **1,0 P**

(alternative Lösungen, wie z. B. Wirtschaftsprüfer, ebenfalls 1 Punkt, maximal 3 Punkte)

## II. Rechnungswesen (38,5 Punkte)

**Vorbemerkung zu den Kontenbezeichnungen in den Lösungen:**

Die §§ 266, 275 HGB regeln, welche Posten in der Bilanz und in der GuV auszuweisen sind. Das HGB schreibt aber kein bestimmtes Buchführungssystem vor und damit auch nicht die Bezeichnung der Konten. Gleichwohl müssen die Geschäftsvorfälle so gebucht werden, dass ein Überblick über die Vermögens- und Ertragslage gewährleistet ist. Aus steuerlichen Gründen (z. B. Umsatzsteuer, einkommensteuerliches Teileinkünfteverfahren) bietet es sich an, bereits bei der Buchung der laufenden Geschäftsvorfälle die steuerlichen Konsequenzen im Blick zu haben und entsprechend differenziert zu buchen. In der Praxis ist vor diesem Hintergrund der „DATEV-E-Bilanz-Standardkontenrahmen (SKR) 03" sehr stark verbreitet. Die Kontenbezeichnungen in den Lösungen entsprechen weitgehend dem SKR 03. In den Lösungen zu den Klausuren werden jedoch regelmäßig auch andere zutreffende Kontenbezeichnungen zugelassen, wenn sich aus der Aufgabenstellung nichts anderes ergibt.

ERGÄNZENDER HINWEIS:

Der Umsatzsteuerregelsatz beträgt für Leistungen von Juli 2020 bis Dezember 2020 16 % (statt 19 %); der ermäßigte Steuersatz beträgt in diesem Zeitraum 5 % (statt 7 %).

## 1. Aufgabe (9,0 Punkte)

a)

| | | | |
|---|---|---|---|
| | Monatslohn laut Vertrag/Barlohn | 3 450,50 € | |
| + | AG-Anteil vermögenswirksame Leistungen (VL) | 27,00 € | |
| + | Urlaubsgeld | 150,00 € | |
| = | **Bruttolohn** | **3 627,50 €** | **1,0 P** |
| ./. | Lohnsteuer | 575,75 € | |
| ./. | Kirchensteuer | 51,81 € | |
| ./. | Solidaritätszuschlag | 31,66 € | |
| ./. | Rentenversicherung (18,6 % × 50 %) | 337,35 € | |
| ./. | Arbeitslosenversicherung (2,4 % × 50 %) | 43,53 € | |
| ./. | Krankenversicherung (14,6 % × 50 %) | 264,80 € | |
| ./. | Krankenversicherung (Sonderbeitrag: 1,1 % × 50 %) | 19,95 € | |
| ./. | Pflegeversicherung (3,05 % × 50 %) | 55,31 € | |
| ./. | Pflegeversicherung (Zuschlag: 0,25 % × 100 %) | 9,06 € | |
| = | **Nettolohn** | **2 238,28 €** | **1,0 P** |
| ./. | VL | 40,00 € | |
| ./. | Vorschuss | 250,00 € | |
| ./. | Verrechnung Personalkauf | 166,60 € | |
| = | **Auszahlungsbetrag** | **1 781,68 €** | **1,0 P** |

b) **Buchungen:**

| | | | | | |
|---|---|---|---|---|---|
| Gehälter | 3 600,50 € | | | | **1,0 P** |
| AG-Anteil VL | 27,00 € | an | Verbindl. LSt/KiSt/SolZ | 659,22 € | **0,5 P** |
| | | an | Verbindl. soziale Sicherheit | 730,00 € | **0,5 P** |
| | | an | Verbindl. VL | 40,00 € | **0,5 P** |
| | | an | Forderungen gegen Personal | 250,00 € | **0,5 P** |
| | | an | Umsatzerlöse | 140,00 € | **1,0 P** |
| | | an | Umsatzsteuer | 26,60 € | **0,5 P** |
| | | an | Verbindl. Lohn/Gehalt | 1 781,68 € | **0,5 P** |

und

| | | | | | |
|---|---|---|---|---|---|
| Ges. soz. Aufwand | 812,74 € | an | Verbindl. soziale Sicherheit | 812,74 € | **1,0 P** |

## 2. Aufgabe (7,5 Punkte)

a) **Buchungen:**

1. **Rechnung des Lieferanten:**

| | | | | |
|---|---|---|---|---|
| Wareneingang | 28 500 € | | | |
| Vorsteuer | 5 415 € | an | Verbindl. aus LuL | 33 915 € |
| | | | | **1,5 P** |

2. **Rechnung der Spedition Müller:**

| | | | | |
|---|---|---|---|---|
| Bezugskosten | 948,90 € | | | |
| Leergut | 1 200,00 € | | | |
| Vorsteuer | 381,22 € | an | Verbindl. aus LuL | 2 530,12 € |
| | | | | **2,0 P** |

3. **Gutschrift für den Handelsvertreter:**

| | | | | |
|---|---|---|---|---|
| Bezugskosten | 712,50 € | | | |
| Vorsteuer | 135,38 € | an | Verbindl. aus LuL | 847,88 € |
| | | | | **1,5 P** |

4. **Zinsen:**

| | | | | |
|---|---|---|---|---|
| Zinsaufwendungen | 570 € | an | Bank | 570 € |
| | | | | **1,0 P** |

b) **Rückgabe des Containers:**

**Buchung:**

| | | | | |
|---|---|---|---|---|
| Verbindl. aus LuL | 1 428 € | an | Leergut | 1 200 € |
| | | an | Vorsteuer | 228 € |
| | | | | **1,5 P** |

## 3. Aufgabe (6,0 Punkte)

**Buchungen:**

a) **Anzahlung vom 3. 4. 2020:**

| | | | | |
|---|---|---|---|---|
| Anzahlungen auf Maschinen | 34 800 € | an | Bank | 34 800 € |
| | | | | **1,0 P** |

**Anzahlung vom 17. 4. 2020:**

| | | | | |
|---|---|---|---|---|
| Anzahlungen auf Maschinen | 5 000 € | | | |
| Vorsteuer | 950 € | an | Bank | 5 950 € |
| | | | | **1,5 P** |

**Anzahlung vom 30. 4. 2020:**

| | | | | |
|---|---|---|---|---|
| Anzahlungen auf Maschinen | 6 960 € | an | Bank | 6 960 € |
| | | | | **1,0 P** |

b) **Endrechnung:**

| | | | | |
|---|---|---|---|---|
| Maschinen | 70 000 € | | | |
| Vorsteuer | 12 350 € | an | Anzahlungen auf Maschinen | 46 760 € |
| | | an | Verbindl. aus LuL | 35 590 € |
| | | | | **2,5 P** |

## 4. Aufgabe (6,0 Punkte)

**Buchungen:**

1. **Darlehensauszahlung:**

| | | | | |
|---|---|---|---|---|
| Bank | 47 500 € | | | |
| Disagio | 2 500 € | an | Darlehensschuld | 50 000 € |
| | | | | **2,5 P** |

2. **Zinszahlung (31. 10. 2020):**

| | | | | |
|---|---|---|---|---|
| Zinsaufwand | 750 € | an | Bank | 750 € |
| | | | | **1,0 P** |

3. **Beim Jahresabschluss (31. 12. 2020):**

| | | | | |
|---|---|---|---|---|
| a) Zinsaufwand | 250 € | an | Sonstige Verbindl. | 250 € |
| | | | | **1,0 P** |
| b) Zinsaufwand | 333,33 € | an | Disagio | 333,33 € |
| | | | | **1,5 P** |

## 5. Aufgabe (3,0 Punkte)

a) Der **Wareneinsatz** ist zu hoch, **1,0 P**

der **Rohgewinn** ist zu niedrig. **1,0 P**

b) Der **Reingewinn** mindert sich mit oder ohne Buchung. **1,0 P**

## 6. Aufgabe (7,0 Punkte)

a) **Ermittlung des Wareneinsatzes:**

| | | | |
|---|---|---|---|
| | Warenbestand 1. 1. 2020 | 60 000 € | |
| + | Wareneingang | 440 000 € | |
| + | Warenbezugskosten | 10 000 € | |
| ./. | Rücksendungen an Lieferanten | 8 000 € | |
| ./. | Warenbestand 31. 12. 2020 | 80 000 € | |
| = | Wareneinsatz | 422 000 € | **3,0 P** |

b) **Ermittlung des Rohgewinns:**

| | | | |
|---|---|---|---|
| | Verkaufserlöse | 653 000 € | |
| ./. | Preisnachlässe für Kunden | 20 000 € | |
| ./. | Wareneinsatz | 422 000 € | |
| = | Rohgewinn | 211 000 € | **1,5 P** |

c) **Ermittlung des Reingewinns:**

| | | | |
|---|---|---|---|
| | Rohgewinn | 211 000 € | |
| ./. | Sonstige Betriebsausgaben | 124 000 € | |
| = | Reingewinn | 87 000 € | **1,0 P** |

d) **Ermittlung des Kalkulationszuschlags:**

$$\frac{\text{Rohgewinn x 100}}{\text{Wareneinsatz}} = \frac{211\,000 \text{ x } 100}{422\,000} = \underline{\underline{50\ \%}}$$ **1,5 P**

# III. Steuerwesen (36,5 Punkte)

## 1. Aufgabe (4,0 Punkte)

| | | Frist | | Verlängerbar | |
|---|---|---|---|---|---|
| | | gesetzlich | behördlich | ja | nein |
| 1) | Einspruchsfrist | X | | | X |
| 2) | Abgabefrist Einkommensteuererklärung | X | | X | |
| 3) | Stundungsfrist | | X | X | |
| 4) | Zahlungsfrist Umsatzsteuer-Zahllast | X | | | X |

**jeweils 0,5 P je richtig gesetztem Kreuz**

## 2. Aufgabe (5,0 Punkte)

**Berechnung der Einspruchsfrist:**

| | | |
|---|---|---|
| Bescheid zur Post am: | 22. 3. 2021 | |
| Bekanntgabe (+ 3 Tage): | 25. 3. 2021 (Donnerstag) | **0,5 P** |
| Beginn der Einspruchsfrist: | 26. 3. 2021, 0:00 Uhr (bzw. mit Ablauf des 25. 3. 2021) | **0,5 P** |
| Ende der Einspruchsfrist: | 25. 4. 2021, 24:00 Uhr (Sonntag) Fristende verschiebt sich daher auf den Ablauf des 26. 4. 2021 (Montag, § 108 Abs. 3 AO). | **0,5 P** |

Die Einlieferung ins Krankenhaus erfolgte am 7. 4. 2021, damit vor Ende der Einspruchsfrist. Wiedereinsetzung in den vorigen Stand ist demnach möglich. **1,0 P**

**Berechnung der Wiedereinsetzungsfrist:**

| | | |
|---|---|---|
| Entlassung aus dem Krankenhaus = Wegfall des Hindernisses: | 3. 5. 2021 | **0,5 P** |
| Beginn der Wiedereinsetzungsfrist: | 4. 5. 2021, 0:00 Uhr (bzw. mit Ablauf des 3. 5. 2021) | **0,5 P** |
| Ende der Wiedereinsetzungsfrist: | 3. 6. 2021, 24:00 Uhr | **0,5 P** |
| | (= Fronleichnam, Fristende daher 4. 6. 2021, 24:00 Uhr) | **0,5 P** |

Am 7. 6. 2021 sind sowohl die Einspruchsfrist als auch die Frist für einen Antrag auf Wiedereinsetzung in den vorigen Stand verstrichen. Ein Einspruch kann daher nicht mehr fristgerecht eingelegt werden und wäre unzulässig. **0,5 P**

ERGÄNZENDER HINWEIS:

Wiedereinsetzung in den vorigen Stand ist möglich, denn eine

- gesetzliche Frist (Einspruchsfrist) wurde
- ohne Verschulden versäumt (Krankenhausaufenthalt nach akuter Erkrankung).

Der Antrag auf Wiedereinsetzung und/oder die Nachholung der versäumten Handlung (Einlegung des Einspruchs) muss binnen einer Monatsfrist (ab Wegfall des Hindernisses = Entlassung aus dem Krankenhaus) erfolgen (§ 110 AO).

## 3. Aufgabe (7,0 Punkte)

| Art des Umsatzes | | Steuerbar | | Bemessungsgrundlage | Umsatzsteuer |
|---|---|---|---|---|---|
| | | ja | nein | | |
| a) | Lieferung | X | | 84,03 € | 15,97 € |
| b) | Sonstige Leistung | X | X | 472,00 € | 89,68 € |
| c) | Lieferung | | X | 450 € | 0 € |
| d) | Sonstige Leistung | X | X | 1 200 € | 228 € |

**4,0 P**

**Begründung:**

Zu b): Durchlaufende Posten (Gerichtskosten) sind nicht Gegenstand der erbrachten Leistung. **1,0 P**

Zu c): Die Veräußerung des Gemäldes erfolgte nicht im Rahmen des Unternehmens. **1,0 P**

Zu d): Die vereinnahmten Verzugszinsen sind echter Schadensersatz. **1,0 P**

## 4. Aufgabe (14,5 Punkte)

**Beleg 1**

**Einkünfte aus nichtselbständiger Arbeit, § 19 Abs. 1 Satz 1 Nr. 1 und 2 EStG:** **1,0 P**

| | | |
|---|---|---|
| Steuerpflichtiger Bruttoarbeitslohn (§ 19 Abs. 1 Satz 1 Nr. 1 EStG) | 9 000 € | |
| ./. Werbungskosten, mindestens Pauschbetrag i. H. von | 1 000 € | |
| = verbleiben | 8 000 € | |
| Versorgungsbezüge (§ 19 Abs. 1 Satz 1 Nr. 2 EStG) | 7 500 € | |
| ./. Versorgungsfreibetrag: | | |
| Monatsbetrag 833,33 € x 12 x 16,0 %, max. 1 200 € x $^{9}/_{12}$ = | 900 € | |
| ./. Zuschlag zum Versorgungsfreibetrag, | | |
| höchstens 360 € x $^{9}/_{12}$ = | 270 € | |
| = verbleiben | 6 330 € | |
| ./. Werbungskosten, mindestens Pauschbetrag i. H. von 102 € | 102 € | |
| = verbleiben | 6 228 € | **3,0 P** |
| Einkünfte aus nichtselbständiger Arbeit | 14 228 € | **0,5 P** |

**Beleg 2**

| | | | |
|---|---|---|---|
| **Sonstige Einkünfte, § 22 Nr. 1 Buchst. a EStG:** | | | **1,0 P** |
| **Einnahmen** | | | |
| 9 Monate x 1 875 € = | 16 875 € | | **1,0 P** |
| Besteuerungsanteil | 80 % | 13 500 € | **2,0 P** |
| ./. Werbungskosten-Pauschbetrag | | 102 € | **1,0 P** |
| = Sonstige Einkünfte, § 22 Nr. 1 Buchst. a EStG | | 13 398 € | |

**Beleg 3**

| | | |
|---|---|---|
| Einkünfte aus selbständiger Tätigkeit, § 18 Abs. 1 Nr. 3 EStG | 2 500 € | **2,0 P** |

**Belege 4a und 4b**

Die Einkünfte aus Kapitalvermögen unterliegen der Abgeltungsteuer i. H. von 25 % und müssen demnach in die Berechnung des zu versteuernden Einkommens nicht einbezogen werden (§ 43 Abs. 5 EStG). Der Mandant kann jedoch die Einbeziehung der Kapitalerträge in seine Veranlagung beantragen (§ 32d Abs. 4 EStG). **3,0 P**

Im Zuge einer „Günstigerprüfung" würden sich folgende Einkünfte aus Kapitalvermögen ergeben, § 20 i. V. mit § 32d Abs. 4 EStG:

**Einnahmen**

| | |
|---|---|
| Kapitalerträge Sparkasse Essen | 1 050 € |
| + Zinsen Mietkonto | 4 432 € |
| = Summe der Einnahmen | 5 482 € |
| ./. Sparer-Pauschbetrag (§ 20 Abs. 9 EStG) | 801 € |
| = Einkünfte aus Kapitalvermögen, § 20 EStG | 4 681 € |

## 5. Aufgabe (6,0 Punkte)

Mit der Vermietung der Wohnung im 1. Obergeschoss erzielt Gärtner Einkünfte aus Vermietung und Verpachtung gem. § 21 Abs. 1 Satz 1 Nr. 1 EStG, da die Wohnung zum Privatvermögen gehört.

| | | | |
|---|---|---|---|
| **Einnahmen** | | | |
| 650 € x 12 Monate = | | 7 800 € | **0,5 P** |
| **Werbungskosten** | | | |
| Hypothekenzinsen | 21 840 € | | **0,5 P** |
| Gebäudeversicherung | 421 € | | **0,5 P** |
| Grundsteuer | 1 650 € | | **0,5 P** |
| Sonstige Grundstücksaufwendungen | 9 660 € | | **0,5 P** |
| Abschreibung: | | | |
| 520 000 € ./. 15 % = 442 000 €; | | | |
| 442 000 € x 2 % = | 8 840 € | | **2,0 P** |
| Kosten, das gesamte Haus betreffend | 42 411 € | | |
| davon entfallen auf den vermieteten Teil $^1/_3$ | | | |
| = Werbungskosten | | 14 137 € | **1,0 P** |
| Erhaltungsaufwand 1. Obergeschoss | | 850 € | **0,5 P** |
| Einkünfte aus Vermietung und Verpachtung 2020 | | ./. 7 187 € | |

ERGÄNZENDE HINWEISE:

Die auf das zu eigenbetrieblichen Zwecken genutzte Erdgeschoss entfallenden Kosten i. H. von (42 411 € x $^1/_3$ =) 14 137 € sind als Betriebsausgaben bei den Einkünften aus Gewerbebetrieb (Verkauf von Gartenbedarf) zu berücksichtigen.

Die verbleibenden, auf das 2. Obergeschoss entfallenden Aufwendungen sind als Kosten privater Lebensführung steuerlich nicht abzugsfähig (§ 12 Nr. 1 EStG).

Die direkte Ermittlung der auf den vermieteten Gebäudeteil anteilig entfallenden Aufwendungen (z. B. Gebäudeversicherung 421 € x abzugsfähiger Teil $^1/_3$ = anzusetzen 140 €) gilt ebenfalls als richtige Lösung.

# Klausur 3: Aufgaben

## I. Wirtschafts- und Sozialkunde (25,0 Punkte)

### 1. Aufgabe (4,0 Punkte)

AUFGABE:

Geben Sie an, von welcher Einrichtung die nachstehenden Leistungen gewährt werden:

1. Deutsche Rentenversicherung Bund
2. Bundesagentur für Arbeit
3. Gesetzliche Krankenkasse
4. Berufsgenossenschaft

Tragen Sie *„keine“* ein, wenn die Leistung durch keine der hier aufgeführten Institutionen gewährt wird:

a) Übernahme der Kosten für einen Krankenhausaufenthalt nach einem Arbeitsunfall.

b) Zahlung von Zuschüssen an die Betriebe zur Schaffung von Arbeitsplätzen.

c) Zahlung von Leistungen zur Sicherung des Lebensunterhalts von Langzeitarbeitslosen.

d) Zahlung von Altersruhegeld.

### 2. Aufgabe (6,0 Punkte)

Martina Horstmann ist Chefsekretärin bei der Firma Eisen-Träger in Münster.

Sie ist im dritten Monat schwanger und übergibt ihrem Arbeitgeber eine ärztliche Bescheinigung, in der die Schwangerschaft bestätigt wird. Der voraussichtliche Entbindungstermin wird der 1. 10. 2020 sein.

**Auszug aus dem Kalender 2020**

| | Juli | | | | | August | | | | | | September | | | | |
|---|---|---|---|---|---|---|---|---|---|---|---|---|---|---|---|---|
| Mo | | 6 | 13 | 20 | 27 | | 3 | 10 | 17 | 24 | 31 | | 7 | 14 | 21 | 28 |
| Di | | 7 | 14 | 21 | 28 | | 4 | 11 | 18 | 25 | | 1 | 8 | 15 | 22 | 29 |
| Mi | 1 | 8 | 15 | 22 | 29 | | 5 | 12 | 19 | 26 | | 2 | 9 | 16 | 23 | 30 |
| Do | 2 | 9 | 16 | 23 | 30 | | 6 | 13 | 20 | 27 | | 3 | 10 | 17 | 24 | |
| Fr | 3 | 10 | 17 | 24 | 31 | | 7 | 14 | 21 | 28 | | 4 | 11 | 18 | 25 | |
| Sa | 4 | 11 | 18 | 25 | | 1 | 8 | 15 | 22 | 29 | | 5 | 12 | 19 | 26 | |
| So | 5 | 12 | 19 | 26 | | 2 | 9 | 16 | 23 | 30 | | 6 | 13 | 20 | 27 | |

| | Oktober | | | | | November | | | | | | Dezember | | | | |
|---|---|---|---|---|---|---|---|---|---|---|---|---|---|---|---|---|
| Mo | | 5 | 12 | 19 | 26 | | 2 | 9 | 16 | 23 | 30 | | 7 | 14 | 21 | 28 |
| Di | | 6 | 13 | 20 | 27 | | 3 | 10 | 17 | 24 | 31 | 1 | 8 | 15 | 22 | 29 |
| Mi | | 7 | 14 | 21 | 28 | | 4 | 11 | 18 | 25 | | 2 | 9 | 16 | 23 | 30 |
| Do | 1 | 8 | 15 | 22 | 29 | | 5 | 12 | 19 | 26 | | 3 | 10 | 17 | 24 | 31 |
| Fr | 2 | 9 | 16 | 23 | 30 | | 6 | 13 | 20 | 27 | | 4 | 11 | 18 | **25** | |
| Sa | **3** | 10 | 17 | 24 | 31 | | 7 | 14 | 21 | 28 | | 5 | 12 | 19 | **26** | |
| So | 4 | 11 | 18 | 25 | | **1** | 8 | 15 | 22 | 29 | | 6 | 13 | 20 | 27 | |

AUFGABEN:

a) Wann beginnt für Martina Horstmann die Mutterschutzfrist? Geben Sie die Dauer der Frist und den Fristbeginn an.

b) Wann endet die gesetzliche Mutterschutzfrist, wenn das Kind nicht am 1. 10. 2020, sondern am 6. 10. 2020 geboren würde? Geben Sie die Dauer der Frist und das genaue Datum an.

c) Welche Stelle ist für die Zahlung des Mutterschaftsgeldes zuständig?

d) Besteht für Martina Horstmann die Möglichkeit, freiwillig innerhalb der Mutterschutzfrist weiterzuarbeiten?

## 3. Aufgabe (5,0 Punkte)

Die Eltern der 16-jährigen Gaby Kowalsky erhalten von der Fahrradhandlung Eckrodt folgenden Brief:

**Firma Walter Eckrodt**
**Fahrrad-Fachgeschäft**
**Königsallee 84, 33739 Bielefeld**

Herrn und Frau
Udo und Marie Kowalsky
Teutoburger Str. 22a
33604 Bielefeld

Bielefeld, 30. 1. 2021

**Kaufvertrag Ihrer Tochter Gaby vom 29. 1. 2021**

Sehr geehrte Frau Kowalsky,
sehr geehrter Herr Kowalsky,

Ihre Tochter Gaby hat sich in meinem Fachgeschäft ein Mountain-Bike *Marke „Skyscraper" zu einem Preis i. H. von 850 € (einschließlich Umsatzsteuer)* ausgesucht und mit mir darüber einen Kaufvertrag abgeschlossen.

Leider habe ich erst nach Vertragsabschluss erfahren, dass Ihre Tochter noch nicht volljährig ist. Deshalb bitte ich nachträglich, dem o. a. Kaufvertrag innerhalb der nächsten 14 Tage zuzustimmen.

Mit freundlichem Gruß
*Eckrodt*

AUFGABEN:

a) Beurteilen Sie die Rechtswirkung des Kaufvertrags vor Genehmigung der Eltern.

b) Welche Rechtsfolgen ergeben sich, wenn die Eltern dem abgeschlossenen Kaufvertrag nicht zustimmen?

c) Würde die rechtliche Beurteilung des Kaufvertrags anders ausfallen, wenn Gaby von ihren Eltern zum Geburtstag ein entsprechender Geldbetrag geschenkt und zur freien Verfügung überlassen worden wäre?

## 4. Aufgabe (3,0 Punkte)

AUFGABE:

Geben Sie bei den folgenden Sachverhalten die jeweilige Vertragsart an:

| | Sachverhalte | Vertragsart |
|---|---|---|
| a) | Die Steuerberater Werner Wolf, Oskar Neumann und Udo Kreutzer schließen sich zu einer Steuerberatersozietät zusammen. | |
| b) | Die Ruhrgas AG stellt Ewald Berger als Buchhalter ein. | |
| c) | Rainer Dahlmann überlässt seinem Bruder Wolfgang unentgeltlich sein Wohnmobil für einen 14-tägigen Urlaub in Südtirol. Das Fahrzeug wird anschließend zurückgegeben. | |
| d) | Daniel Tegeler lässt seinen Pkw von einem Kfz-Fachbetrieb reparieren. | |
| e) | Brigitte Westphal lässt sich vom Juwelier Wegmann einen Ring nach eigenem Entwurf fertigen. | |
| f) | Vera Möllmann ist stark erkältet und borgt sich von ihrer Freundin Cornelia eine Packung Papiertaschentücher. Am nächsten Tag gibt sie ihrer Freundin eine neue Packung zurück. | |

## 5. Aufgabe Teil A und B (4,0 Punkte)

AUFGABEN:

Entscheiden Sie bei den folgenden Sachverhalten,

a) in welches Rechtsgebiet sie fallen oder in welchen Einzelgesetzen Regelungen zu finden sind;

b) ob es sich bei den Gesetzen um öffentliches oder privates Recht handelt:

| | Sachverhalte | Rechtsgebiet/ Einzelgesetz | Öffentliches oder Privates Recht |
|---|---|---|---|
| a) | Werner Köster kauft von Eva Fischer ein Einfamilienhaus. Der Notar Dr. Bernsmann beurkundet den Kaufvertrag. | | |
| b) | Werner Köster ist mit seinem Pkw geblitzt worden. Wegen Überschreitung der zulässigen Höchstgeschwindigkeit soll er 60 € an die Bußgeldstelle der Stadt Köln zahlen. | | |
| c) | Werner Köster erhält von dem für ihn zuständigen Finanzamt Münster-Innenstadt einen Einkommensteuerbescheid. Es ergibt sich eine Nachzahlung i. H. von 825 €. | | |
| d) | Werner Köster gründet mit seinem Bruder Sven ein Schnellrestaurant in der Rechtsform einer KG, die ins Handelsregister eingetragen wird. | | |

## 5. Aufgabe Teil C (3,0 Punkte)

AUFGABE:

Das BBiG schreibt bestimmte Inhalte vor, die in einem Ausbildungsvertrag enthalten sein müssen. Kreuzen Sie drei Angaben an, die im Ausbildungsvertrag nicht enthalten sein müssen bzw. nicht enthalten sein dürfen: (je **1,0 P**)

( ) Beginn und Dauer der Berufsausbildung,

( ) Vereinbarung für eine Anschlussanstellung nach Abschluss der Ausbildung,

( ) Ausbildungsmaßnahmen außerhalb der Ausbildungsstätte,

( ) Verpflichtung des Auszubildenden, Ausbildungsmittel selbst zu bezahlen,

( ) Dauer der regelmäßigen täglichen Ausbildungszeit,

( ) Dauer der Probezeit,

( ) Private Unfallversicherung des Auszubildenden,

( ) Zahlung und Höhe der Vergütung.

# II. Rechnungswesen (38,0 Punkte)

## 1. Aufgabe (6,0 Punkte)

Aus der Buchführung Ihres Mandanten Peter Pieper, der in Essen einen Groß- und Einzelhandel mit Baumaterial betreibt, ergeben sich für das vergangene Wirtschaftsjahr (= Kalenderjahr) folgende Zahlenwerte:

- Warenbestand zum 1. 1. 2020 — 65 300 €
- Wareneingang (netto) — 825 400 €
- Rücksendungen an Lieferanten (netto) — 15 700 €
- Bezugskosten (netto) — 8 230 €
- Verkaufserlöse (netto) — 938 800 €
- Warenbestand laut Inventur zum 31. 12. 2020 — 64 500 €
- Übrige betriebliche Aufwendungen laut GuV — 44 800 €

AUFGABEN:

Ermitteln Sie

a) den Wareneinsatz,

b) den Rohgewinn und

c) den Reingewinn.

## 2. Aufgabe (4,0 Punkte)

Der Mandant Michael Herrmann, Groß- und Einzelhandel mit Eisenwaren, ist buchführungspflichtig. Er versteuert seine Umsätze nach vereinbarten Entgelten.

AUFGABE:

Beurteilen Sie, wie sich die folgenden Geschäftsvorfälle im ersten Halbjahr 2020 auf die Umsatzsteuer bzw. auf die Vorsteuer auswirken. Kreuzen Sie Ihre Lösung im folgenden Lösungsschema an:

| Geschäftsvorfälle | | Umsatzsteuer | | Vorsteuer | | Keine Auswirkung |
|---|---|---|---|---|---|---|
| | | erhöh. | mind. | erhöh. | mind. | |
| a) | Einkauf von Büromaterial für 80 € zzgl. 19 % Umsatzsteuer. | | | | | |
| b) | Kaufpreiserstattung an einen Kunden in bar. | | | | | |
| c) | Abschreibung der Ladeneinrichtung. | | | | | |

| Geschäftsvorfälle | | Umsatzsteuer | | Vorsteuer | | Keine Auswirkung |
|---|---|---|---|---|---|---|
| | | erhöh. | mind. | erhöh. | mind. | |
| d) | Ein Kunde überweist einen Rechnungsbetrag unter Abzug von 3 % Skonto. | | | | | |
| e) | Gutschrift eines Lieferanten für an ihn zurückgesandte Ware. | | | | | |
| f) | Zielverkauf von Waren. | | | | | |
| g) | Gutschriftsanzeige an einen Kunden wegen einer Mängelrüge. | | | | | |
| h) | Überweisung der Umsatzsteuer-Zahllast an das Finanzamt. | | | | | |

## 3. Aufgabe (5,0 Punkte)

AUFGABE:

Stellen Sie fest, ob die folgenden Personen nach der **AO** buchführungspflichtig sind. Begründen Sie Ihre Lösung unter Angabe der Rechtsvorschrift und ggf. unter Angabe der Wertgrenze:

a) Elektromeister Theo Petry führt in Essen einen Elektro-Installationsbetrieb. Sein Betrieb ist nicht im Handelsregister eingetragen, weil sein Betrieb keinen in kaufmännischer Weise eingerichteten Geschäftsbetrieb erfordert. Er erzielt nur einen Jahresumsatz i. H. von ca. 20 000 € und einen Gewinn i. H. von etwa 3 500 €.

b) Apotheker Dr. Hirsch betreibt die Hirsch-Apotheke in Gütersloh. Der Betrieb ist im Handelsregister eingetragen. Der Jahresumsatz liegt bei 610 000 € (Vorjahr: 700 000 €) und sein Gewinn bei 75 000 € (Vorjahr: 80 000 €).

c) Zahnarzt Dr. Wegner betreibt seine Praxis in Bochum. Bei einem Jahresumsatz i. H. von 255 000 € erzielt er einen Gewinn i. H. von 110 000 €.

## 4. Aufgabe (6,0 Punkte)

Mandant Horst Weingärtner, Metallbaubetrieb in Recklinghausen, hat für seinen Betrieb Flaschengas zum Schweißen gekauft.

**Beleg a)**

**Thyssengas GmbH**

Thyssengas GmbH, Duisburger Str. 277, 47166 Duisburg

Firma
Horst Weingärtner
Nonnenerlen 12
45661 Recklinghausen

Bankverbindung:
Commerzbank
IBAN: DE21480333400000284711

Duisburg, 23. 1. 2020

**Rechnung** Nr. 1222/20

Wir lieferten Ihnen am 23. 1. 2020 per Lkw:

| Warenart | Menge | Preis/kg | Gesamt |
|---|---|---|---|
| Sauerstoff | 420 kg | 5,82 € | 2 444,40 € |
| Wasserstoff | 125 kg | 3,48 € | 435,00 € |
| | | | 2 879,40 € |
| | | 19 % Umsatzsteuer | 547,09 € |
| | | Rechnungsbetrag | 3 426,49 € |

Zahlungsbedingungen:
Bei Zahlung innerhalb von zehn Tagen nach Lieferung 2 % Skonto, danach zahlbar ohne Abzug.

**Beleg b)**

**Sparkasse Recklinghausen** **Kontoauszug Nr. 29 vom 5. 2. 2020** **Blatt 1**

| Text | Wert | Umsatz |
|---|---|---|
| Kontostand 31. 1. 2020 | | 23 556,40 € |
| Überweisung Thyssengas GmbH | 2. 2. 2020 | 3 357,96 € |
| | Kontostand neu | 20 198,44 € |

Firma Horst Weingärtner IBAN: DE08440695000 2323466

AUFGABE:

Buchen Sie für Ihren Mandanten die obenstehenden Belege für Januar 2020 bzw. Februar 2020.

## 5. Aufgabe (3,0 Punkte)

Ihr Mandant, der Baustoffhändler Wortmann aus Bielefeld, hat bei der Dachdecker-Einkaufsgenossenschaft am 22. 1. 2020 Dachpfannen und Dachpappe bezogen. Die Rechnung vom 24. 2. 2020 über 25 000 € zzgl. 19 % Umsatzsteuer hat dieser am 9. 3. 2020 unter Abzug von 2 % Skonto per Banküberweisung beglichen.

Am 16. 3. 2020 geht beim Mandanten Wortmann von der Dachdecker-Einkaufsgenossenschaft eine Lastschrift über 500 € zzgl. 95 € Umsatzsteuer ein, da nach den Zahlungsbedingungen der Genossenschaft ein Skontoabzug nur bei Zahlung innerhalb von zehn Tagen gewährt wird.

AUFGABE:

Buchen Sie die Lastschrift für den Mandanten Wortmann.

## 6. Aufgabe (10,0 Punkte)

Max Grünzweig betreibt in Gelsenkirchen einen Möbel-Einzelhandel unter der Firma Einrichtungshaus Grünzweig. Sein Wirtschaftsjahr stimmt mit dem Kalenderjahr überein. Seine Umsätze im ersten Halbjahr 2020 sind allesamt mit 19 % steuerpflichtig und werden nach vereinbarten Entgelten versteuert.

AUFGABE:

Buchen Sie die folgenden Geschäftsvorfälle. Stellen Sie dabei die Höhe der Gewinnauswirkung der Buchung fest.

Die erforderlichen Belege liegen vor und entsprechen den Vorschriften des UStG:

a) **Einkauf von zehn Polstergarnituren Modell „Barock“ auf Ziel:**

| | |
|---|---|
| Warenwert | 18 300 € |
| + 19 % Umsatzsteuer | 3 477 € |
| = insgesamt | 21 777 € |

| Konto | Soll € | Haben € | Gewinn +/./. € |
|---|---|---|---|
| | | | |

b) Aufgrund mangelhafter Verarbeitung der Polsterung hat der Mandant vom Hersteller der Polstermöbel einen Preisnachlass erhalten. Die Gutschrift beträgt 2 177,70 € auf den Rechnungspreis.

| Konto | Soll € | Haben € | Gewinn +/./. € |
|---|---|---|---|
| | | | |

c) Anfang März 2020 bezahlt der Kunde Wehmeyer eine Rechnung aus Februar 2020 über 6 496 € unter Abzug von 3 % Skonto. Die Bankgutschrift betrug 6 301,12 €.

| Konto | Soll € | Haben € | Gewinn +/./. € |
|---|---|---|---|
| | | | |

d) Im April 2020 werden bei einem Einbruch in die Geschäftsräume Waren im Wert i. H. von 28 400 € gestohlen.

**Buchung des Buchhalters:**

Sonstiger betriebl. Aufwand 28 400 € an Wareneingang 28 400 €

Im Juni 2020 überweist die Versicherung zur Regulierung des Schadens nur 24 600 €, weil der Warenbestand unterversichert war.

| Konto | Soll € | Haben € | Gewinn +/./. € |
|---|---|---|---|
| | | | |

## 7. Aufgabe (4,0 Punkte)

Mandant Holger Meissner hat am 8. 1. 2021 für sein Spielwarengeschäft die Inventur durchgeführt und dabei den Warenbestand zutreffend mit 128 100 € ermittelt. In der Zeit vom 2. 1. 2021 bis zum 7. 1. 2021 hat er nach den vorliegenden Einkaufsrechnungen Waren für 2 380 € einschließlich 19 % Umsatzsteuer eingekauft. Im gleichen Zeitraum hat er laut Kassenberichtszetteln Waren für 9 758 € einschließlich 19 % Umsatzsteuer verkauft. Der Mandant kalkuliert mit einem Zuschlag i. H. von 100 %.

AUFGABE:

Ermitteln Sie in einer übersichtlichen Berechnung den Warenbestand zum Bilanzstichtag 31. 12. 2020.

# III. Steuerwesen (37,0 Punkte)

## 1. Aufgabe (2,0 Punkte)

AUFGABE:

Bitte prüfen Sie bei den folgenden Sachverhalten, ob es sich um Steuerverwaltungsakte handelt. Sollte kein Steuerverwaltungsakt vorliegen, geben Sie bitte auch das jeweils fehlende Merkmal an:

| Sachverhalte | | Steuerverwaltungsakt | |
|---|---|---|---|
| | | **Ja** | **Nein (fehlendes Merkmal)** |
| 1. | Versand eines Erbschaftsteuerbescheids durch das Finanzamt an Ihren Mandanten Erich Erbe. | | |
| 2. | Der Geschäftsstellenleiter des Finanzamts bestellt 20 Bürotische für den Sitzungssaal. | | |
| 3. | Rudi Redlich, Sachbearbeiter beim Finanzamt Nürnberg-Süd, gewährt Ihnen telefonisch Fristverlängerung zur Abgabe der Steuererklärung Ihres Mandanten Schlampig. | | |
| 4. | Das Finanzgericht weist eine Klage als unbegründet ab. | | |

## 2. Aufgabe (4,0 Punkte)

Rolf Rührig ist Gastwirt und als solcher beruflich sehr eingespannt. Deshalb ist er bisher nicht dazu gekommen, die Buchungsbelege für Mai 2021 zusammenzustellen.

**Auszug aus dem Kalender 2021**

| | März | | | | | April | | | | | Mai | | | | | | Juni | | | | |
|---|---|---|---|---|---|---|---|---|---|---|---|---|---|---|---|---|---|---|---|---|---|
| Mo | 1 | 8 | 15 | 22 | 29 | | **5** | 12 | 19 | 26 | | 3 | 10 | 17 | **24** | 31 | | 7 | 14 | 21 | 28 |
| Di | 2 | 9 | 16 | 23 | 30 | | 6 | 13 | 20 | 27 | | 4 | 11 | 18 | 25 | | 1 | 8 | 15 | 22 | 29 |
| Mi | 3 | 10 | 17 | 24 | 31 | | 7 | 14 | 21 | 28 | | 5 | 12 | 19 | 26 | | 2 | 9 | 16 | 23 | 30 |
| Do | 4 | 11 | 18 | 25 | | 1 | 8 | 15 | 22 | 29 | | 6 | **13** | 20 | 27 | | **3** | 10 | 17 | 24 | |
| Fr | 5 | 12 | 19 | 26 | | **2** | 9 | 16 | 23 | 30 | | 7 | 14 | 21 | 28 | | 4 | 11 | 18 | 25 | |
| Sa | 6 | 13 | 20 | 27 | | 3 | 10 | 17 | 24 | | **1** | 8 | 15 | 22 | 29 | | 5 | 12 | 19 | 26 | |
| So | 7 | 14 | 21 | 28 | | 4 | 11 | 18 | 25 | | 2 | 9 | 16 | 23 | 30 | | 6 | 13 | 20 | 27 | |

Karfreitag 2. April, Ostermontag 5. April, Maifeiertag 1. Mai, Christi Himmelfahrt 13. Mai, Pfingstmontag 24. Mai, Fronleichnam 3. Juni

AUFGABE:

Rührig fragt Sie nun, bis wann die Umsatzsteuer-Voranmeldung Mai 2021 und die Zahlung beim Finanzamt (unter Ausnutzung der Schonfrist) spätestens eingehen müssen (Dauerfristverlängerung wurde nicht beantragt).

## 3. Aufgabe (10,0 Punkte)

Theresa Möhlmann ist Inhaberin der Firma Einrichtungshaus Möhlmann in Braunschweig. Die Firma versteuert ihre Umsätze nach den allgemeinen Vorschriften des UStG. Voranmeldungszeitraum ist der Kalendermonat.

Im Juli 2021 ereigneten sich folgende Geschäftsvorfälle, bei deren steuerlichen Behandlung sich die Mandantin unsicher ist:

a) Frau Möhlmann hat die Kücheneinrichtung „Arosa" aus ihren Ausstellungsräumen ihrer Schwester und ihrem Schwager zur Silberhochzeit geschenkt. Die Küche hatte sie vor zwei Jahren für 9 800 € zzgl. 19 % Umsatzsteuer vom Hersteller erworben und mit 15 200 € zum Verkauf ausgezeichnet. Im Juli 2021 hatte das Herstellerwerk die Abgabepreise für dieses Modell um 20 % erhöht.

b) Ein Schreibtisch „Bonanza" wurde dem Lager entnommen und im Büro von Frau Möhlmann aufgestellt. Der Einkaufspreis (netto) betrug im April 2021 1 850 €, der Verkaufspreis hätte 2 700 € einschließlich Umsatzsteuer betragen. Der Abgabepreis des Herstellers ist unverändert.

c) Die Telefonrechnung der Firma für Juli 2021 beläuft sich auf 595 € einschließlich der gesondert ausgewiesenen Umsatzsteuer. Der Privatanteil an den Telefonkosten ist mit 10 % zu berücksichtigen.

d) Die Firma hat unter Angabe ihrer USt-IdNr. die Sitzgruppe „Milano" von einem italienischen Hersteller steuerfrei für 3 300 € erworben.

AUFGABE:

Tragen Sie die Auswirkungen dieser Sachverhalte auf die für Juli 2021 abzugebende Umsatzsteuer-Voranmeldung in die Tabelle ein:

| Art des Umsatzes | | Auswirkung auf die | |
|---|---|---|---|
| | | Umsatzsteuer | Vorsteuer |
| a) | | | |
| b) | | | |
| c) | | | |
| d) | | | |

## 4. Aufgabe (10,0 Punkte)

Markus Miethai ist Eigentümer eines Wohn- und Geschäftshauses in Düsseldorf. Die Geschossflächen der insgesamt vier Etagen sind mit jeweils 140 m² gleich groß und werden wie folgt genutzt:

| | |
|---|---|
| Erdgeschoss: | Büro Markus Miethai, Versicherungsagentur (Gewinnermittlung gem. § 4 Abs. 3 EStG). |
| 1. Obergeschoss: | Markus Miethai, eigene Wohnzwecke. |
| 2. und 3. Obergeschoss: | Vermietung zu Wohnzwecken (je Geschoss zwei Wohnungen). |

Die Mieter zahlen monatlich 7 €/m² sowie eine Umlage für Nebenkosten i. H. von monatlich 2 €/m². Die Miete für den Pkw-Stellplatz beträgt 45 € monatlich (je Wohnung).

Miethai hatte das Haus (Herstellung 1990) in 2007 für 610 000 € gekauft. Vom Kaufpreis entfallen 115 900 € auf den Grund und Boden.

Folgende Aufwendungen sind Miethai in 2020 (nachweislich) entstanden:

| | |
|---|---:|
| Hypothekenzinsen | 16 420 € |
| Darlehenstilgung | 5 250 € |
| Grundsteuer | 1 430 € |
| Müllabfuhr und Straßenreinigung | 750 € |
| Gebäudeversicherung | 926 € |
| Allgemeinstrom (Treppenhaus, Tiefgarage) | 170 € |
| Malerarbeiten (Treppenhaus) | 2 460 € |
| Malerarbeiten (Erdgeschoss) | 3 626 € |
| Einbau einer neuen Etagenheizung (2. Obergeschoss) | 1 420 € |
| Beiträge Haus und Grund | 110 € |
| Sonstige Verwaltungskosten | 480 € |

AUFGABE:

Ermitteln Sie für Markus Miethai in einer übersichtlichen Darstellung die Einkünfte aus Vermietung und Verpachtung für das Jahr 2020. Miethai möchte kein gewillkürtes Betriebsvermögen bilden.

## 5. Aufgabe (5,5 Punkte)

Elke Ekel aus Erwitte erscheint in Ihrem Büro und teilt Ihnen Folgendes mit:

*„Seit zwei Jahren bin ich geschieden. Von meinem Ex-Ehemann Erwin erhalte ich monatlich 1 780 € Unterhalt, 600 € davon für unsere gemeinsame Tochter Evelyn.*

*Im Frühjahr 2021 erhielt ich folgendes Schreiben von Erwin: ...“*

> **Erwin Ekel** Essen, den 12. 4. 2021
>
> Hallo Elke,
>
> kurz vor Antritt einer Dienstreise habe ich leider nur wenig Zeit, daher erlaube mir hiermit in aller Kürze folgende Bitte zu äußern:
>
> Zur Erstellung meiner Steuererklärung für 2020 benötigt mein Steuerberater kurzfristig von Dir eine Unterschrift auf der beiliegenden sog. „Anlage U“. Bitte sende mir das unterschriebene Formular schnellstmöglich wieder zurück.
>
> Vielen Dank schon einmal.
>
> Bis bald
> *Erwin*

AUFGABE:

Frau Ekel möchte von Ihnen wissen, ob sich durch die Unterzeichnung der Anlage U einkommensteuerrechtliche Folgen für sie ergeben. Geben Sie bei Ihrer Auskunft auch die Rechtsgrundlagen an und führen Sie eventuell erforderliche Berechnungen durch.

## 6. Aufgabe (5,5 Punkte)

Mandant Weber hat im Februar 2005 (= Datum der Fertigstellung) eine Eigentumswohnung in Wolfsburg erworben (Kaufvertrag: November 2004). Die Wohnung wird seitdem zu Wohnzwecken vermietet (kein Betriebsvermögen). Vom Kaufpreis i. H. von 122 500 € entfallen 15 % auf den anteiligen Grund und Boden. Die Anschaffungsnebenkosten haben 4 % des Kaufpreises betragen.

AUFGABE:

Bitte ermitteln Sie die höchstmögliche Gebäude-Abschreibung für das Jahr 2020.

# Klausur 3: Lösungen

## I. Wirtschafts- und Sozialkunde (25,0 Punkte)

### 1. Aufgabe (4,0 Punkte)

a) Übernahme der Kosten für einen Krankenhausaufenthalt nach einem Arbeitsunfall:
Berufsgenossenschaft **1,0 P**

b) Zahlung von Zuschüssen an die Betriebe zur Schaffung von Arbeitsplätzen:
Bundesagentur für Arbeit **1,0 P**

c) Zahlung von Leistungen zur Sicherung des Lebensunterhalts an Langzeitarbeitslose:
Bundesagentur für Arbeit **1,0 P**

d) Zahlung von Altersruhegeld:
Deutsche Rentenversicherung Bund **1,0 P**

### 2. Aufgabe (6,0 Punkte)

a) Die Mutterschutzfrist beginnt sechs Wochen vor dem voraussichtlichen Entbindungstermin. **1,0 P**

Die Frist beginnt also am 20. 8. 2020. **1,0 P**

b) Die gesetzliche Mutterschutzfrist endet acht Wochen nach der Geburt. **1,0 P**

Die Frist endet damit am 1. 12. 2020. **1,0 P**

c) Das Mutterschaftsgeld zahlt die Krankenkasse aus. **1,0 P**

d) Frau Horstmann kann freiwillig in den letzten sechs Wochen vor der Geburt weiterarbeiten. **1,0 P**

ERGÄNZENDER HINWEIS:

Nach der Geburt besteht innerhalb der ersten acht Wochen ein Beschäftigungsverbot.

### 3. Aufgabe (5,0 Punkte)

a) Der abgeschlossene Kaufvertrag ist schwebend unwirksam (§ 108 BGB). **1,0 P**

Tochter Gaby ist nur beschränkt geschäftsfähig (§ 107 BGB). **1,0 P**

b) Ohne Genehmigung bleibt der Kaufvertrag unwirksam (§ 108 BGB). **1,5 P**

c) Der Kaufvertrag wäre von Anfang an uneingeschränkt wirksam gewesen, weil die Eltern Gaby das Geld zur freien Verfügung überlassen haben (§ 110 BGB, sog. „Taschengeldparagraf"). **1,5 P**

## 4. Aufgabe (3,0 Punkte)

| | Sachverhalte | Vertragsart |
|---|---|---|
| a) | Die Steuerberater Werner Wolf, Oskar Neumann und Udo Kreutzer schließen sich zu einer Steuerberatersozietät zusammen. | Gesellschafts-/ Partnerschaftsvertrag **0,5 P** |
| b) | Die Ruhrgas AG stellt Ewald Berger als Buchhalter ein. | Dienst-/Arbeitsvertrag **0,5 P** |
| c) | Rainer Dahlmann überlässt seinem Bruder Wolfgang unentgeltlich sein Wohnmobil für einen 14-tägigen Urlaub in Südtirol. Das Fahrzeug wird anschließend zurückgegeben. | Leihvertrag **0,5 P** |
| d) | Daniel Tegeler lässt seinen Pkw von einem Kfz-Fachbetrieb reparieren. | Werkvertrag **0,5 P** |
| e) | Brigitte Westphal lässt sich vom Juwelier Wegmann einen Ring nach eigenem Entwurf fertigen. | Werklieferungsvertrag **0,5 P** |
| f) | Vera Möllmann ist stark erkältet und borgt sich von ihrer Freundin Cornelia eine Packung Papiertaschentücher. Am nächsten Tag gibt sie ihrer Freundin eine neue Packung zurück. | Darlehensvertrag **0,5 P** |

## 5. Aufgabe Teil A und B (4,0 Punkte)

| | Sachverhalte | Rechtsgebiet/ Einzelgesetz | Öffentliches oder Privates Recht |
|---|---|---|---|
| a) | Werner Köster kauft von Eva Fischer ein Einfamilienhaus. Der Notar Dr. Bernsmann beurkundet den Kaufvertrag. | Bürgerliches Recht (BGB) **0,5 P** | Privatrecht **0,5 P** |
| b) | Werner Köster ist mit seinem Pkw geblitzt worden. Wegen Überschreitung der zulässigen Höchstgeschwindigkeit soll er 60 € an die Bußgeldstelle der Stadt Köln zahlen. | Verkehrsrecht (StVO) **0,5 P** | Öffentliches Recht **0,5 P** |
| c) | Werner Köster erhält von dem für ihn zuständigen Finanzamt Münster-Innenstadt einen Einkommensteuerbescheid. Es ergibt sich eine Nachzahlung i. H. von 825 €. | Steuerrecht (ESt/AO) **0,5 P** | Öffentliches Recht **0,5 P** |
| d) | Werner Köster gründet mit seinem Bruder Sven ein Schnellrestaurant in der Rechtsform einer KG, die ins Handelsregister eingetragen wird. | Bürgerliches Recht Handelsrecht (BGB/HGB) **0,5 P** | Privatrecht **0,5 P** |

## 5. Aufgabe Teil C (3,0 Punkte)

( ) Beginn und Dauer der Berufsausbildung,

(x) Vereinbarung für eine Anschlussanstellung nach Abschluss der Ausbildung, **1,0 P**

( ) Ausbildungsmaßnahmen außerhalb der Ausbildungsstätte,

(x) Verpflichtung des Auszubildenden, Ausbildungsmittel selbst zu bezahlen, **1,0 P**

( ) Dauer der regelmäßigen täglichen Ausbildungszeit,

( ) Dauer der Probezeit,

(x) Private Unfallversicherung des Auszubildenden, **1,0 P**

( ) Zahlung und Höhe der Vergütung.

## II. Rechnungswesen (38,0 Punkte)

**Vorbemerkung zu den Kontenbezeichnungen in den Lösungen:**
Die §§ 266, 275 HGB regeln, welche Posten in der Bilanz und in der GuV auszuweisen sind. Das HGB schreibt aber kein bestimmtes Buchführungssystem vor und damit auch nicht die Bezeichnung der Konten. Gleichwohl müssen die Geschäftsvorfälle so gebucht werden, dass ein Überblick über die Vermögens- und Ertragslage gewährleistet ist. Aus steuerlichen Gründen (z. B. Umsatzsteuer, einkommensteuerliches Teileinkünfteverfahren) bietet es sich an, bereits bei der Buchung der laufenden Geschäftsvorfälle die steuerlichen Konsequenzen im Blick zu haben und entsprechend differenziert zu buchen. In der Praxis ist vor diesem Hintergrund der „DATEV-E-Bilanz-Standardkontenrahmen (SKR) 03" sehr stark verbreitet. Die Kontenbezeichnungen in den Lösungen entsprechen weitgehend dem SKR 03. In den Lösungen zu den Klausuren werden jedoch regelmäßig auch andere zutreffende Kontenbezeichnungen zugelassen, wenn sich aus der Aufgabenstellung nichts anderes ergibt.

ERGÄNZENDER HINWEIS:

Der Umsatzsteuerregelsatz beträgt für Leistungen von Juli 2020 bis Dezember 2020 16 % (statt 19 %); der ermäßigte Steuersatz beträgt in diesem Zeitraum 5 % (statt 7 %).

### 1. Aufgabe (6,0 Punkte)

a) **Berechnung des Wareneinsatzes:**

| | | | |
|---|---|---|---|
| | Anfangsbestand 1. 1. 2020 | 65 300 € | **0,5 P** |
| + | Wareneingang | 825 400 € | **0,5 P** |
| + | Bezugskosten | 8 230 € | **0,5 P** |
| ./. | Rücksendungen an Lieferanten | 15 700 € | **0,5 P** |
| ./. | Warenbestand 31. 12. 2020 | 64 500 € | **0,5 P** |
| = | Wareneinsatz | 818 730 € | **0,5 P** |

b) **Berechnung des Rohgewinns:**

| | | | |
|---|---|---|---|
| | Verkaufserlöse | 938 800 € | **0,5 P** |
| ./. | Wareneinsatz | 818 730 € | **0,5 P** |
| = | Rohgewinn | 120 070 € | **0,5 P** |

c) **Berechnung des Reingewinns:**

| | | |
|---|---|---|
| Rohgewinn | 120 070 € | **0,5 P** |
| ./. übrige betriebliche Aufwendungen | 44 800 € | **0,5 P** |
| = Reingewinn | 75 270 € | **0,5 P** |

## 2. Aufgabe (4,0 Punkte)

| | Geschäftsvorfälle | Umsatzsteuer | | Vorsteuer | | Keine Auswirkung |
|---|---|---|---|---|---|---|
| | | erhöh. | mind. | erhöh. | mind. | |
| a) | Einkauf von Büromaterial für 80 € zzgl. 19 % Umsatzsteuer. | | | X | | |
| b) | Kaufpreiserstattung an einen Kunden in bar. | | X | | | |
| c) | Abschreibung der Ladeneinrichtung. | | | | | X |
| d) | Ein Kunde überweist einen Rechnungsbetrag unter Abzug von 3 % Skonto. | | X | | | |
| e) | Gutschrift eines Lieferanten für an ihn zurückgesandte Ware. | | | | X | |
| f) | Zielverkauf von Waren. | X | | | | |
| g) | Gutschriftsanzeige an einen Kunden wegen einer Mängelrüge. | | X | | | |
| h) | Überweisung der Umsatzsteuer-Zahllast an das Finanzamt. | | | | | X |

**je 0,5 P**

## 3. Aufgabe (5,0 Punkte)

a) Elektromeister Theo Petry ist kein Kaufmann i. S. des § 1 HGB, weil sein Betrieb keinen in kaufmännischer Weise eingerichteten Geschäftsbetrieb erfordert und keine Eintragung ins Handelsregister erfolgte. **1,0 P**

Daher besteht keine Buchführungspflicht i. S. des § 140 AO. Es besteht auch keine Buchführungspflicht i. S. des § 141 AO, weil der Jahresumsatz 600 000 € und der Gewinn 60 000 € nicht übersteigen. **1,0 P**

b) Apotheker Dr. Hirsch ist Kaufmann i. S. des § 1 HGB, weil er gewerblich tätig ist. Er ist buchführungspflichtig i. S. des § 238 HGB und damit auch i. S. des § 140 AO (Hinweis: Keine Befreiung i. S. des § 241a HGB). **1,5 P**

c) Zahnarzt Dr. Wegner ist nicht i. S. der §§ 140, 141 AO buchführungspflichtig, weil er Freiberufler ist. **1,5 P**

## 4. Aufgabe (6,0 Punkte)

**Buchung Januar 2020:**

| | | | | |
|---|---|---|---|---|
| Wareneingang | 2 879,40 € | | | |
| Vorsteuer | 547,09 € | an | Verbindl. aus LuL | 3 426,49 € |
| | | | | **2,5 P** |

**Buchung Februar 2020:**

| | | | | |
|---|---|---|---|---|
| Verbindl. aus LuL | 3 426,49 € | an | Bank | 3 357,96 € |
| | | an | Erhaltene Skonti | 57,59 € |
| | | an | Vorsteuer | 10,94 € |

**Buchung 2,0 P / Berechnung 1,5 P**

## 5. Aufgabe (3,0 Punkte)

**Buchung:**

| | | | | |
|---|---|---|---|---|
| Erhaltene Skonti | 500 € | | | |
| Vorsteuer | 95 € | an | Verbindl. aus LuL | 595 € |
| | | | | **3,0 P** |

## 6. Aufgabe (10,0 Punkte)

a)

| Konto | | Soll € | Haben € | Erfolg +/./. € |
|---|---|---|---|---|
| Wareneingang | **0,5 P** | 18 300 | | ./. 18 300 |
| Vorsteuer | **0,5 P** | 3 477 | | |
| Verbindl. aus LuL | **0,5 P** | | 21 777 | **1,0 P** |

b)

| Konto | | Soll € | Haben € | Erfolg +/./. € |
|---|---|---|---|---|
| Verbindl. aus LuL | **0,5 P** | 2 177,70 | | |
| Nachlässe/Wareneingang | **0,5 P** | | 1 830,00 | + 1 830,00 |
| Vorsteuer | **0,5 P** | | 347,70 | **1,0 P** |

c)

| Konto | | Soll € | Haben € | Erfolg +/./. € |
|---|---|---|---|---|
| Bank | **0,5 P** | 6 301,12 | | |
| Gewährte Skonti | **0,5 P** | 163,76 | | ./. 163,76 |
| Umsatzsteuer | **0,5 P** | 31,12 | | **1,0 P** |
| Forderungen aus LuL | **0,5 P** | | 6 496,00 | |

d)

| Konto | | Soll € | Haben € | Erfolg +/./. € |
|---|---|---|---|---|
| Bank | **0,5 P** | 24 600 | | |
| Sonstige betriebl. Erträge | **0,5 P** | | 24 600 | + 24 600 |
| | | | | **1,0 P** |

## 7. Aufgabe (4,0 Punkte)

| | | | |
|---|---|---|---|
| | Inventurbestand | 128 100 € | **0,5 P** |
| + | Warenverkauf (netto) abzgl. Marge 50 % | 4 100 € | **2,0 P** |
| = | Zwischensumme | 132 200 € | |
| ./. | Wareneingang (netto) | 2 000 € | **1,0 P** |
| = | Bestand 31. 12. 2020 | 130 200 € | **0,5 P** |

# III. Steuerwesen (37,0 Punkte)

## 1. Aufgabe (2,0 Punkte)

| Sachverhalte | | Steuerverwaltungsakt | |
|---|---|---|---|
| | | Ja | Nein (fehlendes Merkmal) |
| 1. | Versand eines Erbschaftsteuerbescheids durch das Finanzamt an Ihren Mandanten Erich Erbe. | X | |
| 2. | Der Geschäftsstellenleiter des Finanzamts bestellt 20 Bürotische für den Sitzungssaal. | | Keine hoheitliche Maßnahme |
| 3. | Rudi Redlich, Sachbearbeiter beim Finanzamt Nürnberg-Süd, gewährt Ihnen telefonisch Fristverlängerung zur Abgabe der Steuererklärung Ihres Mandanten Schlampig. | X | |
| 4. | Das Finanzgericht weist eine Klage als unbegründet ab. | | Keine Behörde<br>**Ergänzender Hinweis:**<br>Vgl. auch § 6 Abs. 1 AO |

**je 0,5 P pro Sachverhalt**

## 2. Aufgabe (4,0 Punkte)

**Berechnung der Abgabe- und Zahlungsfrist zur Umsatzsteuer 5/2021 des Herrn Rührig:**

| | | |
|---|---|---|
| Abgabetermin Umsatzsteuer-VA 5/2021: | Donnerstag, 10. 6. 2021 | **1,0 P** |
| Keine Abgabeschonfrist | | **1,0 P** |
| Ende der Zahlungsschonfrist (3 Tage): | Sonntag, 13. 6. 2021 | **1,0 P** |
| | das Ende der Zahlungsschonfrist verschiebt sich auf Montag, 14. 6. 2021 | **1,0 P** |

ERGÄNZENDER HINWEIS:

Die Zahlungsschonfrist ergibt sich aus § 240 Abs. 3 AO („Ein Säumniszuschlag wird bei einer Säumnis bis zu drei Tagen nicht erhoben."). Sie gilt nicht bei Scheckzahlungen. In diesen Fällen gilt die Zahlung sogar erst drei Tage nach Eingang beim Finanzamt als entrichtet.

## 3. Aufgabe (10,0 Punkte)

| Art des Umsatzes | | | Auswirkung auf die | |
|---|---|---|---|---|
| | | | Umsatzsteuer | Vorsteuer |
| a) | Lieferung (§ 3 Abs. 1b Satz 1 Nr. 1 UStG)<br>Bemessungsgrundlage: Aktueller Einkaufspreis (11 760 €) | **2,0 P** | + 2 234,40 €<br>**1,0 P** | |
| b) | Kein Umsatz<br>sog. „Innenumsatz" (nicht steuerbar) | **1,0 P** | 0 €<br>**1,0 P** | |
| c) | Kein Umsatz* | **1,0 P** | 0 € | ./. 9,50 €<br>**1,0 P** |
| d) | Innergemeinschaftlicher Erwerb<br>(§ 1a UStG) | **1,0 P** | + 627 €<br>**1,0 P** | + 627 €<br>**1,0 P** |

* Vgl. dazu Abschnitt 3.4 Abs. 4 Satz 4 f. UStAE.

## 4. Aufgabe (10,0 Punkte)

**Ermittlung der Einkünfte aus Vermietung und Verpachtung gem. § 21 Abs. 1 Satz 1 Nr. 1 EStG des Mandanten Markus Miethai für 2020:**

| | | | |
|---|---|---|---|
| **Einnahmen** | | | |
| Miete für das 2. und 3. Obergeschoss | | | |
| (140 m² x 2 Etagen x 7 € x 12 Monate =) | 23 520 € | | **1,0 P** |
| Umlage für Nebenkosten | | | |
| (140 m² x 2 Etagen x 2 € x 12 Monate =) | 6 720 € | | **1,0 P** |
| Stellplatzmiete (45 € x 4 x 12 Monate =) | 2 160 € | | **1,0 P** |
| Summe der Einnahmen | | 32 400 € | |
| **Werbungskosten** | | | |
| Abschreibung (494 100 € x 2 % =) | ./. 9 882 € | | **1,0 P** |
| Hypothekenzinsen | ./. 16 420 € | | **0,5 P** |
| Grundsteuer | ./. 1 430 € | | **0,5 P** |
| Müllabfuhr, Straßenreinigung,<br>Allgemeinstrom, Beiträge, Verwaltungskosten | ./. 1 510 € | | **1,0 P** |
| Versicherung | ./. 926 € | | **0,5 P** |

| | | | |
|---|---|---|---|
| Malerarbeiten Treppenhaus | ./. 2 460 € | | 0,5 P |
| Kosten, das gesamte Haus betreffend | ./. 32 628 € | | |
| Auf den vermieteten Teil des Hauses entfallen ($^{280}/_{560}$ =) | ./. 16 314 € | | 1,5 P |
| ./. Etagenheizung 2. Obergeschoss | ./. 1 420 € | | 1,0 P |
| Summe der Werbungskosten | | ./. 17 734 € | |
| Einkünfte aus Vermietung und Verpachtung | | 14 666 € | 0,5 P |

## 5. Aufgabe (5,5 Punkte)

Mit Unterzeichnung der Anlage U stimmt Frau Ekel zu, dass ihr Ex-Ehemann die Unterhaltsleistungen als Sonderausgaben geltend machen kann. Zugleich muss sie jedoch die erhaltenen Unterhaltsleistungen als sonstige Einkünfte i. S. des § 22 Nr. 1a EStG versteuern. **2,0 P**

**Ermittlung der sonstigen Einkünfte:**

| | | |
|---|---|---|
| Unterhalt | 1 780 € | |
| ./. Unterhalt für Tochter Evelyn | 600 € | |
| = Ehegattenunterhalt monatlich | 1 180 € | 1,0 P |
| Einnahmen 2020: | | |
| 1 180 € x 12 Monate = | 14 160 € | 0,5 P |
| max. jedoch Höchstbetrag | 13 805 € | 1,0 P |
| ./. Werbungskosten-Pauschbetrag | 102 € | 0,5 P |
| = Sonstige Einkünfte | 13 703 € | 0,5 P |

## 6. Aufgabe (5,5 Punkte)

Für die Eigentumswohnung in Wolfsburg des Mandanten Weber ergibt sich 2020 folgende höchstmögliche Abschreibung:

| | | | |
|---|---|---|---|
| Kaufpreis | 122 500 € | | 0,5 P |
| + Anschaffungsnebenkosten (4 %) | 4 900 € | | 1,0 P |
| = Anschaffungskosten insgesamt | 127 400 € | | 0,5 P |
| Davon Gebäudeanteil 85 % | | | |
| = AfA-Bemessungsgrundlage | | 108 290 € | 1,0 P |
| Abschreibung i. S. des § 7 Abs. 5 Satz 1 Nr. 3 Buchst. c EStG | | | 1,0 P |
| 15. Jahr, damit AfA-Satz = 2,5 % | | 2 707,25 € | 1,5 P |

(Ab dem Jahr 2023 beträgt der AfA-Satz 1,25 %.)

# Klausur 4: Aufgaben

## I. Wirtschafts- und Sozialkunde (25,0 Punkte)

### 1. Aufgabe (2,5 Punkte)

Der 19-jährige Marcel Böhme ist beim Steuerberater Dr. Schlüter in der Ausbildung zum Steuerfachangestellten. Nach einem Jahr Berufsausbildung erkennt er, dass er für diesen Beruf nicht geeignet ist.

AUFGABEN:

a) Kann er den bestehenden Berufsausbildungsvertrag kündigen?

b) Was muss er bei der Kündigung beachten?

### 2. Aufgabe (2,0 Punkte)

Die 45-jährige Witwe Anna Bergmann arbeitet zur Aufbesserung ihrer geringen Witwenrente bei der Gebäudereinigung Blank. Sie ist dort wöchentlich zehn Stunden als Reinigungskraft beschäftigt. Für ihre Tätigkeit erhält Frau Bergmann – ohne Vorlage einer Lohnsteuerkarte – netto 450 €.

AUFGABE:

Ist Frau Bergmann sozialversicherungspflichtig? Begründen Sie Ihre Ansicht.

### 3. Aufgabe (7,5 Punkte)

Der Auszubildende Wolfgang Wilde verschuldete mit seinem Pkw *auf dem Weg zur Arbeit* einen Auffahrunfall. Er wurde operiert, musste sechs Wochen im Krankenhaus bleiben und war anschließend noch fünf Monate arbeitsunfähig. Der Schaden an seinem Pkw betrug 5 500 €, der des Unfallgegners 9 400 €.

AUFGABE:

Wer muss die durch den Unfall entstandenen Kosten tragen? Ergänzen Sie die leeren Felder:

| Aufwendungen | | Kostenträger |
|---|---|---|
| a) | Krankenhauskosten | |
| b) | Lohnfortzahlung (sechs Wochen) | |
| c) | Krankengeld/Verletztengeld | |
| d) | Reparaturkosten am eigenen Pkw | |
| e) | Reparaturkosten des Unfallgegners | |

## 4. Aufgabe (6,0 Punkte)

AUFGABE:

Für bestimmte Rechtsgeschäfte sind besondere Formvorschriften vorgesehen. Geben Sie bei den folgenden Vorgängen an, welche Formvorschriften verlangt werden:

| Sachverhalte | | Formvorschrift |
|---|---|---|
| a) | Kauf eines Betriebsgrundstücks. | |
| b) | Abschluss eines Arbeits-/Dienstvertrags. | |
| c) | Abschluss eines Mietvertrags über eine Mietwohnung für drei Jahre. | |
| d) | Anmietung eines Hotelzimmers für ein Wochenende. | |
| e) | Anmeldung einer Firma zur Eintragung ins Handelsregister. | |
| f) | Abschluss eines Ausbildungsvertrags. | |

## 5. Aufgabe (7,0 Punkte)

AUFGABE:

Prüfen Sie die folgenden Verträge. Stellen Sie die Rechtswirksamkeit der Verträge fest. Begründen Sie Ihre Auffassung:

a) Auf Anfrage des Kunden Karl König übersendet der Kaufmann Paul Pollmann ein Angebot über ein Notebook zum Preis i. H. von 1 625 € zzgl. 19 % Umsatzsteuer. Das Gerät kann innerhalb von 14 Tagen geliefert werden.

| Rechtswirksamer Vertrag: Ja/Nein | Begründung |
|---|---|
| | |

b) Karin Bertels ist 16 Jahre und noch Schülerin. Sie hat sich bei der Firma Pollmann einen Computer für 998 € gekauft und 300 € von ihrem ersparten Taschengeld angezahlt. Den Rest will sie von ihrem Taschengeld in monatlichen Raten bezahlen.

| Rechtswirksamer Vertrag: Ja/Nein | Begründung |
|---|---|
| | |

c) Die Firma Pollmann kauft ihr Warensortiment überwiegend bei ihrem Großhändler, der Computex GmbH, in Wuppertal.

Im April 2020 erhielt die Firma Pollmann von der Computex GmbH ohne vorherige Bestellung Computer der Marke „CPU XXL" geliefert. Es handelt sich um ein Auslaufmodell, das zu einem besonders günstigen Preis berechnet ist. Die Firma Pollmann ist an der Ware nicht interessiert, informiert den Großhändler nicht und begleicht auch die beiliegende Rechnung nicht.

| Rechtswirksamer Vertrag: Ja/Nein | Begründung |
|---|---|
| | |

d) Die Firma Pollmann bestellt am 16. 4. 2020 bei der Computex GmbH 3 000 Pakete Fotopapier für Farbdrucker, die ihr für 2 €/Stück netto angeboten worden waren. Am 17. 4. 2020 teilt die Computex GmbH mit, dass sie durch ein Versehen einen zu niedrigen Preis angegeben habe.

| Rechtswirksamer Vertrag: Ja/Nein | Begründung |
|---|---|
| | |

# II. Rechnungswesen (32,5 Punkte)

## 1. Aufgabe (17,5 Punkte)

Die Firma Eisen-Hoffmann betreibt in Paderborn einen Einzelhandel mit Haushaltswaren und Elektrogeräten. Bearbeiten Sie bitte die Aufgaben zu den Sachverhalten 1 bis 4 für das Jahr 2020.

### Sachverhalt 1 (4,5 Punkte)

Die Firma Eisen-Hoffmann erhielt im März 2020 von der Großhandlung Asemissen folgende Rechnung über die am selben Tag erhaltene Lieferung von Waschmaschinen:

| Artikel | Menge | Preis € | Gesamt € |
|---|---|---|---|
| Waschmaschine „Bauknecht 1200" | 20 | 400 | 8 000 |
| | abzgl. Mengenrabatt 7,5 % | | 600 |
| | Rechnungsbetrag netto | | 7 400 |
| | zzgl. 19 % Umsatzsteuer | | 1 406 |
| | Rechnungspreis | | 8 806 |
| Zahlen Sie den Rechnungsbetrag innerhalb von 10 Tagen unter Abzug von 2 % Skonto oder innerhalb von 30 Tagen ohne Abzug. | | | |

AUFGABEN:

a) Buchen Sie den Eingang der Ware bzw. die Eingangsrechnung zunächst „auf Ziel".

b) Buchen Sie die Bezahlung der Rechnung unter Abzug von 2 % Skonto durch Banküberweisung.

## Sachverhalt 2 (2,0 Punkte)

Die Waschmaschinen wurden der Firma Eisen-Hoffmann durch einen Spediteur geliefert. Die Rechnung über 295,12 € einschließlich 19 % Umsatzsteuer wurde sofort bar aus der Geschäftskasse beglichen und muss noch gebucht werden.

AUFGABE:

Buchen Sie die Begleichung der Rechnung.

## Sachverhalt 3 (6,0 Punkte)

Die Firma Eisen-Hoffmann will die Waschmaschinen in ihrem Ladengeschäft ihren Kunden anbieten und mit dem Ladenverkaufspreis auszeichnen.

Die Firma kalkuliert mit einem Kalkulationszuschlag i. H. von 60 % (ohne Umsatzsteuer). Sie gewährt bei Zahlung innerhalb von acht Tagen 2 % Skonto, die bereits im Kalkulationszuschlag enthalten sind.

AUFGABE:

Ermitteln Sie den Ladenverkaufspreis (brutto), mit dem die Waschmaschinen ausgezeichnet werden müssen (Umsatzsteuersatz: 19 %). Führen Sie eine übersichtliche Berechnung unter Angabe der üblichen Preisbezeichnungen durch.

## Sachverhalt 4 (5,0 Punkte)

Der Kunde Walter König kauft bei der Firma Eisen-Hoffmann eine dieser Waschmaschinen. Er hat durch geschicktes Verhandeln einen günstigeren Preis vereinbart.

Die Firma Eisen-Hoffmann berechnet ihm:

Eine Waschmaschine Typ „Bauknecht 1200“: 654,50 €

Zahlbar innerhalb von 8 Tagen unter Abzug von 2 % Skonto oder innerhalb von 30 Tagen ohne jeden Abzug.

AUFGABEN:

a) Buchen Sie den Verkauf der Ware bzw. die Ausgangsrechnung der Firma Eisen-Hoffmann zunächst „auf Ziel“.

b) Kunde König zahlt nach fünf Tagen durch Banküberweisung unter Abzug von 2 % Skonto auf das Geschäftskonto. Buchen Sie den Zahlungsvorgang.

## 2. Aufgabe (6,0 Punkte)

Die Firma Eisen-Hoffmann (vgl. 1. Aufgabe) rechnet mit einem Handlungskostenzuschlag i. H. von 20 % für allgemeine Geschäftsunkosten.

AUFGABE:

Welchen Gewinn in € *und* Prozent (eine Dezimalstelle) erzielt die Firma aus dem Verkauf der Waschmaschine an den Kunden König? Führen Sie eine übersichtliche Berechnung unter Angabe der üblichen Preisbezeichnungen durch.

## 3. Aufgabe (9,0 Punkte)

AUFGABEN:

a) Erstellen Sie entsprechend der Regelung i. S. des § 247 HGB die Bilanz der Firma Eisen-Hoffmann (vgl. 1. Aufgabe) zum 31. 12. 2020 aufgrund folgender Angaben:

| | |
|---|---|
| – Geschäftsausstattung | 20 000 € |
| – Bankschulden | 14 000 € |
| – Forderungen aus LuL | 68 000 € |
| – Warenbestand | 52 000 € |
| – Verbindl. aus LuL | 37 000 € |
| – Gewinn | 83 400 € |
| – Verbindl. Sozialversicherung | 6 000 € |
| – Verbindl. LSt/KiSt | 2 600 € |
| – Entnahmen | 35 000 € |
| – Kassenbestand | 800 € |
| – Umsatzsteuer-Verbindl. | 3 600 € |

b) Ermitteln Sie die Höhe des Eigenkapitals zum 1. 1. 2020.

# III. Steuerwesen (42,5 Punkte)

## 1. Aufgabe (5,5 Punkte)

Frauke Fuchs hat ihren Einkommensteuerbescheid für das Jahr 2020 am Gründonnerstag, den 1. 4. 2021 erhalten (Datum des Poststempels: Mittwoch, 31. 3. 2021). Nach einem Fahrradunfall wurde sie am 5. 5. 2021 verletzt ins Krankenhaus eingeliefert, aus dem sie am 13. 5. 2021 (Donnerstag = Christi Himmelfahrt) geheilt entlassen wurde.

Frauke Fuchs erscheint am Montag, dem 14. 6. 2021 in Ihrem Büro und möchte wissen, ob sie gegen den Einkommensteuerbescheid noch Einspruch einlegen kann.

AUFGABE:

Begründen Sie Ihre Entscheidung und führen Sie die erforderlichen Fristberechnungen durch.

## 2. Aufgabe (5,0 Punkte)

Konstantin Gerber ist Inhaber der Firma Platten-Pauli, einem Fliesenleger-Betrieb in Hameln. Die Firma versteuert ihre Umsätze nach vereinbarten Entgelten mit 19 % und gibt ihre Umsatzsteuer-Voranmeldungen monatlich ab.

Folgende Sachverhalte sind für den Monat Juni 2021 zu beurteilen:

a) Im Juni 2021 hat Herr Gerber zeitweilig einen Lagerarbeiter mit der Gartenpflege seines privat genutzten Einfamilienhauses beschäftigt. Die anteiligen Lohn- und Lohnnebenkosten betragen 130 €.

b) Im März 2021 war in die Büroräume der Firma Gerber eingebrochen worden. Von der VIKTORIA-Versicherung hat Herr Gerber deshalb im Juni 2021 einen Betrag i. H. von 12 400 € erhalten.

c) Herr Gerber ist im Juni 2021 zur Handwerksmesse mit der Bundesbahn nach Köln gefahren, um sich über die Neuheiten auf dem Bausektor zu informieren. Die Fahrkarte für die Strecke Hameln-Köln und zurück weist einen Fahrpreis i. H. von 119 € aus. Umsatzsteuer ist nicht gesondert ausgewiesen. Die Tarifentfernung beträgt 266 km.

d) Über im Juni 2021 angefallene Bewirtungskosten liegt eine Quittung über einen Betrag i. H. von 76,56 € vor. Herr Gerber hatte mit einem Lieferanten verhandelt und ihn anschließend zum Essen eingeladen. Die Umsatzsteuer ist nicht gesondert ausgewiesen. Lediglich der Steuersatz ist mit 19 % angegeben.

AUFGABE:

Geben Sie Auskunft über die Auswirkung der Sachverhalte auf die Höhe der Umsatzsteuer bzw. Vorsteuer, tragen Sie das Ergebnis in die untenstehende Tabelle ein und begründen Sie kurz Ihre Entscheidung:

| | Auswirkung auf die | | Begründung |
|---|---|---|---|
| | Umsatzsteuer | Vorsteuer | |
| a) | | | |
| b) | | | |
| c) | | | |
| d) | | | |

## 3. Aufgabe (5,0 Punkte)

Walter Winter ist zu 40 % an einer OHG (Baustoffhandel) beteiligt (Wirtschaftsjahr vom 1. 4. bis zum 31. 3.). Gemäß Gesellschaftsvertrag ist der handelsrechtliche Gewinn der OHG des Jahres 2019/2020 i. H. von 80 000 € im Verhältnis der Kapitalanteile zu verteilen. Bei der handelsrechtlichen Gewinnermittlung wurden folgende Zahlungen an Winter im Wirtschaftsjahr 2019/2020 als Aufwand gebucht:

| | |
|---|---|
| Geschäftsführergehalt | 60 000 € |
| Zinsen für ein der OHG gewährtes Darlehen | 3 000 € |
| Miete für ein der OHG überlassenes Grundstück | 18 000 € |

Die in 2019/2020 im Zusammenhang mit dem überlassenen Grundstück angefallenen Aufwendungen i. H. von 8 000 € wurden von Winter privat getragen.

AUFGABEN:

a) Ermitteln Sie die Einkünfte 2020 des Gesellschafters Winter aus dieser Beteiligung.

b) Bestimmen Sie die Einkunftsart und geben Sie an, welchem Kalenderjahr der Gewinn zuzurechnen ist.

## 4. Aufgabe (27,0 Punkte)

Die Eheleute Bodo (geb. 1. 1. 1952) und Beate (geb. 18. 7. 1955) van Böckel aus Berlin sind bereits 35 Jahre verheiratet. Einen Antrag auf Durchführung einer Einzelveranlagung stellen die van Böckels nicht.

AUFGABE:

Bestimmen Sie bei den nachfolgenden Sachverhalten jeweils die Einkunftsart und berechnen Sie die Höhe der Einkünfte (genaue gesetzliche Grundlage bitte angeben!).

## Sachverhalt 1 (8,0 Punkte)

Bis einschließlich Juli 2020 bezog Beate van Böckel als Angestellte in einem Kosmetikstudio ein Gehalt i. H. von monatlich 1 800 €. Ab August 2020 erhält sie eine Betriebsrente i. H. von 200 €. Von der Deutschen Rentenversicherung erhält Beate van Böckel ab August 2020 eine Altersrente i. H. von monatlich 1 186,40 €.

**Gehalt:**

| | | |
|---|---|---|
| Einkunftsart: | | |
| Gesetzliche Grundlage: | | |

**Betriebsrente:**

| | | |
|---|---|---|
| Einkunftsart: | | |
| Gesetzliche Grundlage: | | |

**Berechnung/Höhe der Einkünfte:**

**Altersrente:**

| | | |
|---|---|---|
| Einkunftsart: | | |
| Gesetzliche Grundlage: | | |

**Berechnung/Höhe der Einkünfte:**

## Sachverhalt 2 (1,5 Punkte)

Nebenberuflich und auch noch nach Beginn des Rentenbezugs arbeitete Beate van Böckel als selbständige Fußpflegerin. Der Gewinn diesbezüglich, ermittelt i. S. des § 4 Abs. 3 EStG, hat im Jahr 2020 insgesamt 2 615 € betragen.

| | | |
|---|---|---|
| Einkunftsart: | | |
| Gesetzliche Grundlage: | | |

**Berechnung/Höhe der Einkünfte:**

## Sachverhalt 3 (3,0 Punkte)

Bodo van Böckel war bis zum Jahr 2005 als Bausachverständiger bei der Stadt Berlin tätig (Beamtenverhältnis). Er bezog ab 2005 eine Pension i. H. von 37 500 €.

| | | |
|---|---|---|
| Einkunftsart: | | |
| Gesetzliche Grundlage: | | |

**Berechnung/Höhe der Einkünfte:**

## Sachverhalt 4 (3,0 Punkte)

Bodo van Böckel erhielt Mitte 2020 folgende Dividendengutschrift von seiner Bank:

**Bank Berlin**

**Dividendenbescheinigung/Steuerbescheinigung**

...

**Baustoffe AG**

| Stück | Ertrag in € pro Stück | Wertstellung | |
|---|---|---|---|
| 1 750 € | 3,84 € | 1. 4. 2020 | |
| Brutto | Kapitalertragsteuer | Solidaritätszuschlag | Gutschrift |
| 6 720 € | 1 680 € | 92,40 € | 4 947,60 € |
| | | Dividende für 2020 | 6 720 € |
| | | Zu versteuernde Einnahmen | 6 720 € |

An Depotgebühren fielen 2020 an: 132 €.

| | |
|---|---|
| Einkunftsart: | |
| Gesetzliche Grundlage: | |

**Berechnung/Höhe der Einkünfte:**

## Sachverhalt 5 (3,0 Punkte)

Bodo van Böckel hat in 2020 folgende Aktiengeschäfte getätigt:

| Datum | Aktie | Vorgang | Anzahl | Anschaffungskosten € | Verkaufserlös € |
|---|---|---|---|---|---|
| 6. 1. 2020 | Baustoff AG | Kauf | 750 | 13 764,00 | |
| 3. 2. 2020 | Immo AG | Kauf | 340 | 10 118,40 | |
| 2. 4. 2020 | Baustoff AG | Verkauf | 750 | | 13 344 |
| 23. 12. 2020 | Immo AG | Verkauf | 250 | | 9 408 |

| | |
|---|---|
| Einkunftsart: | |
| Gesetzliche Grundlage: | |

**Berechnung/Höhe der Einkünfte:**

## Sachverhalt 6 (8,5 Punkte)

Mit Vertrag vom 16. 3. 2020 erwarb Beate van Böckel ein 1985 erbautes Zweifamilienhaus (Übergang von Nutzen und Lasten: 1. 4. 2020). Der Kaufpreis betrug 510 476 € (Wert des Grund und Bodens: 25 %) zzgl. 5 % Anschaffungsnebenkosten.

Den Kauf des Hauses hat Frau van Böckel zum Teil mittels Hypothekendarlehen finanziert (383 000 €, Auszahlung am 1. 4. 2020, Verzinsung zu 5,6 %, in 2020 tilgungsfrei, Disagio 2 %). Die Hypothekenzinsen für 2020 (fällig am 30. 12. 2020) wurden am 4. 1. 2021 gezahlt.

Die beiden Mieter des Zweifamilienhauses entrichten seit dem 1. 4. 2020 jeweils eine Miete i. H. von monatlich 560 € zzgl. 120 € Nebenkosten.

2020 sind Beate van Böckel für das Objekt folgende (weitere) Kosten entstanden:

| | |
|---|---|
| Malerarbeiten Hausflur | 3 501 € |
| Grundsteuer | 820 € |
| Allgemeinstrom, Gas | 1 810 € |
| Sonstige Abgaben (Müllabfuhr, Abwasser, ...) | 570 € |

| | | |
|---|---|---|
| Einkunftsart: | | |
| Gesetzliche Grundlage: | | |

**Berechnung/Höhe der Einkünfte:**

# Klausur 4: Lösungen

## I. Wirtschafts- und Sozialkunde (25,0 Punkte)

### 1. Aufgabe (2,5 Punkte)

a) Eine Kündigung des Berufsausbildungsvertrags ist möglich (§ 22 BBiG). **1,0 P**

b) Die Kündigung muss erfolgen:

- Schriftlich (§ 22 Abs. 3 BBiG), **0,5 P**
- unter Einhaltung einer Kündigungsfrist von vier Wochen (§ 22 Abs. 2 Nr. 2 BBiG) und **0,5 P**
- unter Angabe des Kündigungsgrundes (§ 22 Abs. 3 BBiG). **0,5 P**

### 2. Aufgabe (2,0 Punkte)

Frau Bergmann ist nicht sozialversicherungspflichtig, da sie

- eine geringfügig entlohnte Tätigkeit ausübt und **1,0 P**
- der monatliche Arbeitslohn 450 € nicht übersteigt. **1,0 P**

### 3. Aufgabe (7,5 Punkte)

| Aufwendungen | | Kostenträger |
|---|---|---|
| a) | Krankenhauskosten | Gesetzliche Krankenversicherung |
| b) | Lohnfortzahlung (sechs Wochen) | Arbeitgeber |
| c) | Krankengeld/Verletztengeld | Gesetzliche Unfallversicherung/Berufsgenossenschaft |
| d) | Reparaturkosten am eigenen Pkw | Fahrer/Kaskoversicherung |
| e) | Reparaturkosten des Unfallgegners | Kfz-Haftpflichtversicherung |

**je 1,5 P** **7,5 P**

### 4. Aufgabe (6,0 Punkte)

| Sachverhalte | | Formvorschrift | |
|---|---|---|---|
| a) | Kauf eines Betriebsgrundstücks. | notarielle Beurkundung (§ 311b Abs. 1 BGB) | **1,0 P** |
| b) | Abschluss eines Arbeits-/Dienstvertrags. | formlos | **1,0 P** |
| c) | Abschluss eines Mietvertrags über eine Mietwohnung für drei Jahre. | schriftlich (§ 550 BGB) | **1,0 P** |
| d) | Anmietung eines Hotelzimmers für ein Wochenende. | formfrei | **1,0 P** |
| e) | Anmeldung einer Firma zur Eintragung ins Handelsregister. | öffentliche/notarielle Beurkundung (§ 12 HGB) | **1,0 P** |
| f) | Abschluss eines Ausbildungsvertrags. | schriftlich (§ 11 Abs. 1 BBiG) | **1,0 P** |

## 5. Aufgabe (7,0 Punkte)

a)

| Rechtswirksamer Vertrag: Ja/Nein | Begründung |
|---|---|
| Nein<br>**0,5 P** | Es fehlt die Annahme des Angebots.<br>Somit ist kein Kaufvertrag zustande gekommen (§ 145 BGB).<br>**1,0 P** |

b)

| Rechtswirksamer Vertrag: Ja/Nein | Begründung |
|---|---|
| Nein<br>**0,5 P** | Das erforderliche Geld wurde noch nicht in vollem Umfang zur freien Verfügung überlassen (§ 110 BGB).<br>Alternativ: Zustimmung des gesetzl. Vertreters erforderlich.<br>**2,0 P** |

c)

| Rechtswirksamer Vertrag: Ja/Nein | Begründung |
|---|---|
| Ja<br>**0,5 P** | Schweigen unter Kaufleuten gilt als Annahme des Vertrags, wenn sie in Geschäftsbeziehung stehen (§ 362 HGB).<br>**1,0 P** |

d)

| Rechtswirksamer Vertrag: Ja/Nein | Begründung |
|---|---|
| Nein<br>**0,5 P** | Die von der GmbH abgegebene Willenserklärung wurde zulässig wegen Irrtums angefochten (§ 119 BGB).<br>**1,0 P** |

# II. Rechnungswesen (32,5 Punkte)

**Vorbemerkung zu den Kontenbezeichnungen in den Lösungen:**

Die §§ 266, 275 HGB regeln, welche Posten in der Bilanz und in der GuV auszuweisen sind. Das HGB schreibt aber kein bestimmtes Buchführungssystem vor und damit auch nicht die Bezeichnung der Konten. Gleichwohl müssen die Geschäftsvorfälle so gebucht werden, dass ein Überblick über die Vermögens- und Ertragslage gewährleistet ist. Aus steuerlichen Gründen (z. B. Umsatzsteuer, einkommensteuerliches Teileinkünfteverfahren) bietet es sich an, bereits bei der Buchung der laufenden Geschäftsvorfälle die steuerlichen Konsequenzen im Blick zu haben und entsprechend differenziert zu buchen. In der Praxis ist vor diesem Hintergrund der „DATEV-E-Bilanz-Standardkontenrahmen (SKR) 03" sehr stark verbreitet. Die Kontenbezeichnungen in den Lösungen entsprechen weitgehend dem SKR 03. In den Lösungen zu den Klausuren werden jedoch regelmäßig auch andere zutreffende Kontenbezeichnungen zugelassen, wenn sich aus der Aufgabenstellung nichts anderes ergibt.

ERGÄNZENDER HINWEIS:

Der Umsatzsteuerregelsatz beträgt für Leistungen von Juli 2020 bis Dezember 2020 16 % (statt 19 %); der ermäßigte Steuersatz beträgt in diesem Zeitraum 5 % (statt 7 %).

## 1. Aufgabe (17,5 Punkte)

### Sachverhalt 1 (4,5 Punkte)

a) **Anschaffung der Ware/Eingangsrechnung:**

**Buchung:**

| | | | | |
|---|---|---|---|---|
| Wareneingang | 7 400 € | | | |
| Vorsteuer | 1 406 € | an | Verbindl. aus LuL | 8 806 € |
| | | | | **1,5 P** |

b) **Banküberweisung:**

**Buchung:**

| | | | | |
|---|---|---|---|---|
| Verbindl. aus LuL | 8 806,00 € | an | Bank | 8 629,88 € |
| | | an | Erhaltene Skonti | 148,00 € |
| | | an | Vorsteuer | 28,12 € |

**Buchung 2,0 P / Berechnung 1,0 P**

### Sachverhalt 2 (2,0 Punkte)

**Buchung:**

| | | | | |
|---|---|---|---|---|
| Bezugsnebenkosten | 248,00 € | | | |
| Vorsteuer | 47,12 € | an | Kasse | 295,12 € |

**Buchung 1,5 P / Berechnung 0,5 P**

### Sachverhalt 3 (6,0 Punkte)

| | | |
|---|---|---|
| Listeneinkaufspreis | 8 000 € | |
| ./. Rabatt 7,5 % | 600 € | |
| = Zieleinkaufspreis | 7 400 € | **1,0 P** |
| ./. erhaltene Skonti | 148 € | |
| = Bareinkaufspreis | 7 252 € | **1,0 P** |
| + Bezugskosten | 248 € | |
| = Einstandspreis | 7 500 € | **1,0 P** |
| + Kalkulationszuschlag 60 % | 4 500 € | |
| = Listen-/Ladenverkaufspreis (netto) | 12 000 € | **2,0 P** |
| Listen-/Ladenverkaufspreis/Stück (netto) | 600 € | |
| + Umsatzsteuer 19 % | 114 € | |
| = Ladenverkaufspreis (brutto) | 714 € | **1,0 P** |

## Sachverhalt 4 (5,0 Punkte)

a) **Verkauf der Ware/Ausgangsrechnung:**

**Buchung:**

| | | | | |
|---|---|---|---|---|
| Forderungen aus LuL | 654,50 € | an | Umsatzerlöse | 550,00 € |
| | | an | Umsatzsteuer | 104,50 € |
| | | | | **2,0 P** |

b) **Zahlungseingang:**

**Buchung:**

| | | | | |
|---|---|---|---|---|
| Bank | 641,41 € | | | |
| Gewährte Skonti | 11,00 € | | | |
| Umsatzsteuer | 2,09 € | an | Forderungen aus LuL | 654,50 € |
| | | | | **Buchung 2,0 P / Berechnung 1,0 P** |

## 2. Aufgabe (6,0 Punkte)

| | | |
|---|---|---|
| Listen-/Ladenverkaufspreis (brutto) | 654,50 € | |
| ./. enthaltene Umsatzsteuer | 104,50 € | |
| = Listen-/Ladenverkaufspreis (netto) | 550,00 € | **0,5 P** |
| ./. gewährte Skonti 2 % | 11,00 € | |
| = Barverkaufspreis (netto) | 539,00 € | **1,0 P** |
| Einstandspreis/Stück (7 500 € : 20 =) | 375,00 € | **0,5 P** |
| + Handlungskostenzuschlag 20 % | 75,00 € | |
| = Selbstkosten | 450,00 € | **2,0 P** |
| Barverkaufspreis (netto) | 539,00 € | |
| ./. Selbstkosten | 450,00 € | |
| = Gewinn in € | 89,00 € | **1,0 P** |
| = Gewinn in % (89 € : 450 € x 100 =) | 19,8 % | **1,0 P** |

## 3. Aufgabe (9,0 Punkte)

a)

| Aktiva | Bilanz 31. 12. 2020 | | Passiva |
|---|---|---|---|
| *A. Anlagevermögen* | | *A. Eigenkapital* | *77 600 €* |
| Geschäftsausstattung | 20 000 € | | |
| *B. Umlaufvermögen* | | *B. Schulden* | |
| Warenbestand | 52 000 € | Umsatzsteuer-Verbindl. | 3 600 € |
| Forderungen | 68 000 € | Bank | 14 000 € |
| Kasse | 800 € | Verbindl. aus LuL | 37 000 € |
| | | Verbindl. Sozialversicherung | 6 000 € |
| | | Verbindl. LSt/KiSt | 2 600 € |
| | 140 800 € | | 140 800 € |

**5,5 P**

b)

| | | |
|---|---|---|
| Eigenkapital 31. 12. 2020 | 77 600 € | **1,0 P** |
| ./. Gewinn | 83 400 € | **1,0 P** |
| = | ./. 5 800 € | |
| + Entnahmen | 35 000 € | **1,0 P** |
| = Eigenkapital 1. 1. 2020 | 29 200 € | **0,5 P** |

# III. Steuerwesen (42,5 Punkte)

## 1. Aufgabe (5,5 Punkte)

**Berechnung der Einspruchsfrist für den Einkommensteuerbescheid 2020 von Frau Frauke Fuchs:**

| | | |
|---|---|---|
| Bescheid zur Post am: | 31. 3. 2021, Mittwoch | |
| Bekanntgabe (+ 3 Tage): | 3. 4. 2021, Samstag<br>daher verschiebt sich der Tag der Bekanntgabe auf den folgenden Werktag = Dienstag, 6. 4. 2021 (5. 4. 2021 = Ostermontag!) | **0,5 P** |
| Beginn der Einspruchsfrist: | 7. 4. 2021, 0:00 Uhr<br>(bzw. mit Ablauf des 6. 4. 2021) | **0,5 P** |
| Ende der Einspruchsfrist: | 6. 5. 2021, 24:00 Uhr | **0,5 P** |

Wiedereinsetzung in den vorigen Stand ist möglich, denn eine

- gesetzliche Frist (Einspruchsfrist) wurde
- ohne Verschulden versäumt (Krankenhausaufenthalt nach Skiunfall innerhalb der Einspruchsfrist). **1,0 P**

Der Antrag auf Wiedereinsetzung und/oder die Nachholung der versäumten Handlung (Einlegung des Einspruchs) ist binnen einer Monatsfrist (ab Wegfall des Hindernisses = Entlassung aus dem Krankenhaus) möglich. **0,5 P**

**Berechnung der Wiedereinsetzungsfrist:**

| | | |
|---|---|---|
| Wegfall des Hindernisses: | 13. 5. 2021 | **0,5 P** |
| Beginn der Wiedereinsetzungsfrist: | 14. 5. 2021, 0:00 Uhr<br>(bzw. mit Ablauf des 13. 5. 2021) | **0,5 P** |
| Ende der Wiedereinsetzungsfrist: | 13. 6. 2021, 24:00 Uhr (Sonntag)<br>das Fristende verschiebt sich daher auf den Ablauf des 14. 6. 2021, Montag | **1,0 P** |

Damit ist am 14. 6. 2021 die Einlegung eines Einspruchs noch fristgerecht möglich. **0,5 P**

## 2. Aufgabe (5,0 Punkte)

| | Auswirkung auf die | | Begründung |
|---|---|---|---|
| | Umsatzsteuer | Vorsteuer | |
| a) | + 24,70 € | | Sonstige Leistung (§ 3 Abs. 9a Nr. 2 UStG) **1,0 P** |
| b) | 0 € | | Echter Schadensersatz, nicht steuerbar **1,0 P** |
| c) | | + 19 € | 19 % Vorsteuer, Tarifentfernung > 50 km (§§ 34, 35 UStDV) **1,0 P** |
| d) | | + 12,22 € | Die Kürzung der Betriebsausgaben um 30 % der Bewirtungskosten hat keine Auswirkung auf den Vorsteuerabzug, § 15 Abs. 1a Satz 2 UStG, Kleinbetragsrechnung (§§ 33, 35 UStDV). **2,0 P** |

## 3. Aufgabe (5,0 Punkte)

a) **Einkünfte des Gesellschafters Winter**

| | | |
|---|---|---|
| Handelsrechtlicher Gewinn 2019/2020 | | |
| (80 000 € x 40 % =) | 32 000 € | 1,0 P |
| Tätigkeitsvergütung | + 60 000 € | 0,5 P |
| Zinsen | + 3 000 € | 0,5 P |
| Miete | + 18 000 € | 0,5 P |
| Grundstückskosten | ./. 8 000 € | 1,0 P |
| Steuerlicher Gewinn 2020 | 105 000 € | |

b) Winter erzielt Einkünfte aus Gewerbebetrieb, § 15 Abs. 1 Satz 1 Nr. 2 EStG.

Der Gewinn des Wirtschaftsjahres 2019/2020 ist dem Kalenderjahr zuzuordnen, in dem das Wirtschaftsjahr endet, also dem Kalenderjahr 2020, § 4a Abs. 2 Nr. 2 EStG. **1,5 P**

## 4. Aufgabe (27,0 Punkte)

## Sachverhalt 1 (8,0 Punkte)

**Gehalt:**

| | | |
|---|---|---|
| Einkunftsart: | Einkünfte aus nichtselbständiger Arbeit | 0,5 P |
| Gesetzliche Grundlage: | § 19 Abs. 1 Satz 1 Nr. 1 EStG | 0,5 P |

**Betriebsrente:**

| | | |
|---|---|---|
| Einkunftsart: | Einkünfte aus nichtselbständiger Arbeit/Versorgungsbezüge | 0,5 P |
| Gesetzliche Grundlage: | § 19 Abs. 1 Satz 1 Nr. 2 EStG | 0,5 P |

**Berechnung/Höhe der Einkünfte:**

| | | | |
|---|---|---|---|
| Gehalt (1 800 € x 7 Monate =) | 12 600 € | | |
| ./. Arbeitnehmer-Pauschbetrag | ./. 1 000 € | 11 600 € | 0,5 P |
| Betriebsrente (200 € x 5 Monate =) | 1 000 € | | |
| ./. Versorgungsfreibetrag: | | | |
| Monatliche Rente 200 € x 12 Monate x 16 %, | | | |
| max. 1 200 €, anteilig für fünf Monate | ./. 160 € | | |
| ./. Zuschlag zum Versorgungsfreibetrag: | | | |
| max. 360 € x $^{5}/_{12}$ = | ./. 150 € | | |
| | 690 € | | |
| ./. Werbungskosten-Pauschbetrag | ./. 102 € | 588 € | 2,0 P |
| Einkünfte aus nichtselbständiger Arbeit | | 12 188 € | 0,5 P |

**Altersrente:**

| | | |
|---|---|---|
| Einkunftsart: | Sonstige Einkünfte | **0,5 P** |
| Gesetzliche Grundlage: | § 22 Nr. 1 Satz 3 Buchst. a EStG | **0,5 P** |

**Berechnung/Höhe der Einkünfte:**

| | | |
|---|---|---|
| Rentenzahlung 1 186,40 € x 5 Monate = | 5 932 € | **0,5 P** |
| x Besteuerungsanteil 80 % | 4 746 € | **1,0 P** |
| ./. Werbungskosten-Pauschbetrag | ./. 102 € | **0,5 P** |
| = Sonstige Einkünfte | 4 644 € | |

## Sachverhalt 2 (1,5 Punkte)

| | | |
|---|---|---|
| Einkunftsart: | Einkünfte aus Gewerbebetrieb | **0,5 P** |
| Gesetzliche Grundlage: | § 15 Abs. 1 Satz 1 Nr. 1 EStG | **0,5 P** |

| | | |
|---|---|---|
| **Berechnung/Höhe der Einkünfte:** | 2 615 € | **0,5 P** |

## Sachverhalt 3 (3,0 Punkte)

| | | |
|---|---|---|
| Einkunftsart: | Einkünfte aus nichtselbständiger Arbeit/Versorgungsbezüge | **0,5 P** |
| Gesetzliche Grundlage: | § 19 Abs. 1 Satz 1 Nr. 2 EStG | **0,5 P** |

**Berechnung/Höhe der Einkünfte:**

| | | |
|---|---|---|
| Bruttoarbeitslohn (Versorgungsbezüge) | 37 500 € | **0,5 P** |
| ./. Versorgungsfreibetrag (40 %, max. 3 000 €) | ./. 3 000 € | **0,5 P** |
| ./. Zuschlag zum Versorgungsfreibetrag | ./. 900 € | **0,5 P** |
| ./. Werbungskosten-Pauschbetrag | ./. 102 € | **0,5 P** |
| = Einkünfte aus nichtselbständiger Arbeit | 33 498 € | |

ERGÄNZENDER HINWEIS:

Maßgebend für die Höhe des Versorgungsfreibetrags sowie des Zuschlags ist der Versorgungsbeginn. Van Böckel bezieht die Pension bereits seit 2005, daher beträgt der Versorgungsfreibetrag 40 % des Versorgungsbezugs, maximal 3 000 €, sowie der Zuschlag 900 €.

## Sachverhalt 4 (3,0 Punkte)

| | | |
|---|---|---|
| Einkunftsart: | Einkünfte aus Kapitalvermögen | **0,5 P** |
| Gesetzliche Grundlage: | § 20 Abs. 1 Nr. 1 EStG | **0,5 P** |

ERGÄNZENDE HINWEISE:

Die Einkünfte aus Kapitalvermögen unterliegen der Abgeltungsteuer i. H. von 25 % und müssen demnach in die Berechnung des zu versteuernden Einkommens nicht einbezogen werden (§ 43 Abs. 5 EStG). Der Mandant kann jedoch die Einbeziehung der Kapitalerträge in seine Veranlagung beantragen (§ 32d Abs. 4 EStG). In diesem Fall sind auch die Dividenden zu 100 % anzusetzen.

Der Sparer-Pauschbetrag beläuft sich auf 801 €/1 602 € (Alleinstehende/Ehegatten). Ein Abzug tatsächlich entstandener Werbungskosten ist nicht möglich.

Im Zuge einer „Günstigerprüfung" würden sich folgende Einkünfte aus Kapitalvermögen ergeben, § 20 i. V. mit § 32d Abs. 4 EStG:

| | |
|---|---|
| Einnahmen | 6 720 € |
| ./. Sparer-Pauschbetrag | 1 602 € |
| = Einkünfte aus Kapitalvermögen | 5 118 € |
| | **2,0 P** |

## Sachverhalt 5 (3,0 Punkte)

| | | |
|---|---|---|
| Einkunftsart: | Einkünfte aus Kapitalvermögen | **0,5 P** |
| Gesetzliche Grundlage: | § 20 Abs. 2 Satz 1 Nr. 1 EStG | **0,5 P** |

Der Gewinn aus der Veräußerung von Anteilen an Kapitalgesellschaften unterliegt – unabhängig vom Zeitraum zwischen Anschaffung und Veräußerung – der Abgeltungsteuer i. H. von 25 %.

Voraussetzung ist, dass die Anteile nach 2008 angeschafft wurden und dem Privatvermögen zuzuordnen sind.

Im Zuge einer „Günstigerprüfung" würden sich folgende Einkünfte aus Kapitalvermögen ergeben, § 20 i. V. mit § 32d Abs. 4 EStG:

**Berechnung/Höhe der Einkünfte:**

**Baustoff AG**

| | | | |
|---|---|---|---|
| Verkaufserlös | 13 344 € | | |
| abzgl. Anschaffungskosten | 13 764 € | ./. 420 € | **1,0 P** |

**Immo AG**

| | | | |
|---|---|---|---|
| Verkaufserlös | 9 408 € | | |
| abzgl. (anteilige) Anschaffungskosten (10 118,40 € x $^{250}/_{340}$ =) | 7 440 € | 1 968 € | **1,0 P** |
| Einkünfte aus Kapitalvermögen | | 1 548 € | |

## Sachverhalt 6 (8,5 Punkte)

| | | |
|---|---|---|
| Einkunftsart: | Einkünfte aus Vermietung und Verpachtung | **0,5 P** |
| Gesetzliche Grundlage: | § 21 Abs. 1 Satz 1 Nr. 1 EStG | **0,5 P** |

**Berechnung/Höhe der Einkünfte:**

| | | | | |
|---|---|---|---|---|
| **Einnahmen** | | | | |
| Miete (560 € x 2 x 9 Monate =) | | 10 080 € | | **1,0 P** |
| Nebenkosten (120 € x 2 x 9 Monate =) | | 2 160 € | | **1,0 P** |
| Summe der Einnahmen | | | 12 240 € | |
| **Werbungskosten** | | | | |
| Schuldzinsen (383 000 € x 5,6 % x $^{9}/_{12}$ =) | | 16 086 € | | **1,5 P** |
| **Abschreibung** | | | | |
| Kaufpreis | 510 476 € | | | **0,5 P** |
| Anschaffungsnebenkosten (5 %) | 25 524 € | | | **0,5 P** |
| | 536 000 € | | | **0,5 P** |
| davon Gebäudeanteil (75 %) | 402 000 € | | | **0,5 P** |
| = AfA-Bemessungsgrundlage | | | | |
| AfA (402 000 € x 2 % x $^{9}/_{12}$ =) | | 6 030 € | | **1,0 P** |
| Geldbeschaffungskosten (Disagio) | | 7 660 € | | **0,5 P** |
| Weitere Kosten | | 6 701 € | | **0,5 P** |
| Summe der Werbungskosten | | | ./. 36 477 € | |
| Einkünfte aus Vermietung und Verpachtung | | | ./. 24 237 € | |

ERGÄNZENDE HINWEISE:

Die Schuldzinsen stellen regelmäßig wiederkehrende Ausgaben dar, die kurze Zeit (innerhalb von zehn Tagen) nach Beendigung des Kalenderjahres gezahlt werden (4. 1. 2021) zu dem sie wirtschaftlich gehören (Schuldzinsen 2020). Gemäß § 11 Abs. 2 Satz 2 EStG sind sie demnach dem Jahr der wirtschaftlichen Zugehörigkeit, also dem Kalenderjahr 2020, zuzuordnen.

Die Nachkommastellen der Werbungskosten wurden gerundet.

# Klausur 5: Aufgaben

## I. Wirtschafts- und Sozialkunde (25,0 Punkte)

### 1. Aufgabe (4,5 Punkte)

Wolfgang Tieskötter ist Lagerarbeiter bei der Firma Eisen-Träger in Dortmund. Bei der Fahrt mit einem Gabelstapler verunglückte er während der Arbeitszeit und musste mit einem komplizierten Beinbruch ins Krankenhaus eingeliefert werden. Nach der vorliegenden ärztlichen Bescheinigung wird er voraussichtlich vier Monate seine Berufstätigkeit nicht ausüben können. Außerdem ist damit zu rechnen, dass die Bewegungsfähigkeit seines verletzten Beins eingeschränkt bleiben wird.

AUFGABEN:

a) Durch welchen Träger der Sozialversicherung sind die Kosten der notwendigen Arzt- und Krankenhauskosten gedeckt?

b) Mit welchen Vergütungen zur Bestreitung seines Lebensunterhalts kann Herr Tieskötter in den nächsten vier Monaten rechnen?

c) Welche finanziellen Leistungen stehen Herrn Tieskötter zu, wenn sich als Spätfolge des Unfalls eine Versteifung des Kniegelenks einstellt, die zu einer Minderung der Erwerbsfähigkeit i. H. von mehr als 20 % führt?

### 2. Aufgabe (6,0 Punkte)

Der Arbeitgeber Frenzen beschäftigt am 1. 1. 2021 in seiner Unternehmung folgende Personen:

| Personen | Wöchentliche Arbeitszeit |
|---|---|
| 8 Meister | 38,5 Stunden |
| 12 Gesellen | 38,5 Stunden |
| 6 Auszubildende | 38,5 Stunden |
| 4 Teilzeitkräfte | 29,0 Stunden |
| 2 Teilzeitkräfte | 15,0 Stunden |
| 3 Büroangestellte | 38,5 Stunden |
| 4 Bundesfreiwilligendienstleistende | 38,5 Stunden |
| 3 Schwerbehinderte | 38,5 Stunden |

**Auszug aus dem AAG – §§ 1, 3**

**§ 1 Erstattungsanspruch**

*(1) Die Krankenkassen mit Ausnahme der landwirtschaftlichen Krankenkasse erstatten den Arbeitgebern, die in der Regel ausschließlich der zu ihrer Berufsausbildung Beschäftigten nicht mehr als 30 Arbeitnehmer und Arbeitnehmerinnen beschäftigen, 80 Prozent*

...

**§ 3 Feststellung der Umlagepflicht**

*(1) ... [5]Bei der Errechnung der Gesamtzahl der beschäftigten Arbeitnehmer und Arbeitnehmerinnen bleiben schwerbehinderte Menschen im Sinne des Neunten Buches Sozialgesetzbuch außer Ansatz. [6]Arbeitnehmer und Arbeitnehmerinnen, die wöchentlich regelmäßig nicht mehr als 10 Stunden zu leisten haben, werden mit 0,25, diejenigen, die nicht mehr als 20 Stunden zu leisten haben, mit 0,5 und diejenigen, die nicht mehr als 30 Stunden zu leisten haben, mit 0,75 angesetzt.*

AUFGABEN:

a) Prüfen Sie anhand des Auszugs aus dem AAG, ob die Unternehmung Frenzen an dem Ausgleichsverfahren teilnimmt.

b) Die Mittel für die Entgeltfortzahlungs-Versicherung werden allein durch die an dieser Versicherung beteiligten Arbeitgeber in einem Umlageverfahren aufgebracht. Es gelten zwei getrennte Verfahren. Beschreiben Sie – unter Angabe der jeweiligen Umlagebezeichnung – den wesentlichen Inhalt der beiden Umlagen.

## 3. Aufgabe (4,5 Punkte)

AUFGABE:

Beurteilen Sie in den folgenden Fällen, ob die vorliegenden Rechtsgeschäfte

wirksam, schwebend unwirksam oder nichtig

sind.

Begründen Sie Ihre Entscheidung:

a) Die 17-jährige Monika Weber ist Auszubildende beim Friseurmeister Klinkhammer in Bochum. Sie unterschreibt einen Mietvertrag über ein 1-Zimmer-Appartement in der Bochumer Innenstadt. Die monatliche Miete beträgt 330 €.

| | |
|---|---|
| Wirksamkeit: | |
| Begründung: | |

b) Die 17-jährige Monika Weber kündigt ohne das Wissen ihrer Eltern ihr Ausbildungsverhältnis bei Meister Klinkhammer, weil sie als Aushilfskraft bei einer Fast-Food-Kette bessere Verdienstmöglichkeiten hat.

| | |
|---|---|
| Wirksamkeit: | |
| Begründung: | |

c) Die 17-jährige Monika Weber erhält ohne das Wissen ihrer Eltern von ihrem Großvater 1 000 € geschenkt.

| | |
|---|---|
| Wirksamkeit: | |
| Begründung: | |

## 4. Aufgabe (5,0 Punkte)

### Rechtsgeschäft 1

Georg Hülsmann überlässt einem Arbeitskollegen zum Transport von Möbeln einen Pkw-Anhänger. Sie vereinbaren die sofortige Rückgabe des Anhängers nach Durchführung des Transports und lediglich eine kostendeckende Zahlung i. H. von pauschal 20 €.

| | | |
|---|---|---|
| a) | Bezeichnung des Rechtsgeschäfts *und* Art des Rechtsgeschäfts | |
| b) | Empfangsbedürftigkeit *oder* Vertragsinhalt | |

### Rechtsgeschäft 2

Hans-Werner Bröskamp ist Autoverkäufer beim Autohaus Westphal in Dresden. Da er sich bessere Verdienstmöglichkeiten als Versicherungsvertreter erhofft, kündigt er seinen Arbeitsvertrag.

| | | |
|---|---|---|
| a) | Bezeichnung des Rechtsgeschäfts *und* Art des Rechtsgeschäfts | |
| b) | Empfangsbedürftigkeit *oder* Vertragsinhalt | |

### Rechtsgeschäft 3

Juliane Schmitz, 76 Jahre und alleinstehend, hat in einer letztwilligen Verfügung bestimmt, dass ihr Neffe Udo Kaufmann nach ihrem Tode Alleinerbe ihres gesamten Vermögens werden soll.

| | | |
|---|---|---|
| a) | Bezeichnung des Rechtsgeschäfts *und* Art des Rechtsgeschäfts | |
| b) | Empfangsbedürftigkeit *oder* Vertragsinhalt | |

AUFGABEN:

Durch das BGB werden unterschiedliche Rechtsgeschäfte geregelt:

a) Geben Sie in den vorgenannten Fällen die jeweilige Bezeichnung des Rechtsgeschäfts an und entscheiden Sie, ob es sich um ein einseitiges oder zweiseitiges Rechtsgeschäft handelt.

b) Im Falle eines einseitigen Rechtsgeschäfts geben Sie bitte an, ob die Willenserklärung empfangsbedürftig ist oder nicht. Im Falle eines zweiseitigen Rechtsgeschäfts geben Sie bitte kurz den Vertragsinhalt an.

### 5. Aufgabe (5,0 Punkte)

AUFGABE:

Geben Sie an, ob und ggf. welche Formvorschriften beim Abschluss der folgenden Verträge zu beachten sind:

a) Veronika Dartmann schließt mit dem Steuerberater Dr. Hansen einen Ausbildungsvertrag ab.

b) Steuerberater Dr. Hansen kauft ein Wohn- und Bürogebäude für betriebliche Zwecke.

c) Dr. Hansen vermietet eine Wohnung in dem Gebäude für fünf Jahre.

d) Dr. Hansen kauft sich einen Sportwagen für 85 000 €.

e) Johannes, der Sohn von Dr. Hansen, will in Köln studieren. Dr. Hansen soll dem Vermieter des von Johannes angemieteten Appartements für künftig eventuell entstehende Mietrückstände bürgen.

## II. Rechnungswesen (37,0 Punkte)

### 1. Aufgabe (8,5 Punkte)

Die Firma Wallbaum, Metallbaubetrieb in Münster, hat sich auf die Herstellung und Wartung von Rollstühlen und anderen Fahrzeugen für behinderte Menschen spezialisiert.

AUFGABE:

Buchen Sie die folgenden Sachverhalte des Geschäftsjahres 2020:

a) Die Firma hat am 30. 4. 2020 dem Rentner Rosengarten ein behindertengerechtes Fahrrad auf Ziel geliefert. Dieses Modell ist im Firmenkatalog mit 1 200 € zzgl. 7 % Umsatzsteuer angeboten. Vereinbarungsgemäß wurde ein Rabatt i. H. von 10 % gewährt.

b) Der Kunde beanstandet am 4. 5. 2020 leichte Mängel an der Lackierung dieses Fahrrads. Daraufhin wird ihm von der Firma Wallbaum ein zusätzlicher Preisnachlass i. H. von 5 % gewährt. Darüber erfolgt eine entsprechende Gutschrift.

c) Der Kunde begleicht die verbleibende Restforderung unter Abzug von 2 % Skonto vom Restrechnungsbetrag. Der entsprechende Betrag wird dem betrieblichen Bankkonto der Firma Wallbaum gutgeschrieben.

## 2. Aufgabe (8,0 Punkte)

Die Firma Otto Obermeyer KG betreibt in Gelsenkirchen einen Einzelhandel mit Eisenwaren und Gartengeräten aller Art. Das Wirtschaftsjahr stimmt mit dem Kalenderjahr überein. Die Firma versteuert ihre Umsätze nach den allgemeinen Vorschriften des UStG und gibt ihre Umsatzsteuer-Voranmeldungen monatlich ab.

AUFGABE:

Buchen Sie für die Mandantin die folgenden Vorgänge des Jahres 2020:

a) Am 23. 4. 2020 geht bei der Mandantin die Rechnung der Berger-Elektro AG ein:

Wir lieferten Ihnen am 23. 4. 2020:

| | |
|---|---|
| 8 Rasenmäher Modell „Rasant" à 120 € = | 960,00 € |
| 5 Heckenscheren „Gartenfreund" à 150 € = | 750,00 € |
| | 1 710,00 € |
| abzgl. Wiederverkäuferrabatt 30 % | 513,00 € |
| | 1 197,00 € |
| zzgl. 19 % Umsatzsteuer | 227,43 € |
| Rechnungsbetrag | 1 424,43 € |

Die Rechnung ist zahlbar bis zum 15. 5. 2020, bei Zahlung innerhalb von acht Tagen 2 % Abzug vom Rechnungsbetrag.

b) Der Rechnungsbetrag wird am 2. 5. 2020 vom betrieblichen Bankkonto überwiesen. Dabei werden 74,43 € als Skonto abgezogen.

c) Am 11. 5. 2020 geht ein Schreiben der Lieferfirma ein, in dem der vorgenommene Skontoabzug moniert wird. Aus Kulanzgründen wird ein Restbetrag i. H. von 50 € nachgefordert.

d) Der Betrag i. H. von 50 € wird durch Banküberweisung bezahlt.

## 3. Aufgabe (7,0 Punkte)

Die Otto Obermeyer KG erhält am 21. 5. 2020 von der Berger-Elektro AG eine Bonusgutschrift über 1 023,40 € einschließlich 19 % Umsatzsteuer für das 1. Quartal 2020. Dies entspricht den bestehenden Vereinbarungen, wonach ein Bonus i. H. von 2 % vom Brutto-Umsatz gewährt wird.

AUFGABEN:

a) Ermitteln Sie die Höhe
   - des Netto-Bonus und
   - des Netto-Umsatzes des 1. Quartals 2020, der der Bonusberechnung für die Otto Obermeyer KG zugrunde liegt.

b) Buchen Sie die eingegangene Gutschrift für die Otto Obermeyer KG (Nettoverfahren). Die Gutschrift soll mit den noch bestehenden Verbindlichkeiten gegenüber der Berger-Elektro AG verrechnet werden.

c) Stellen Sie fest, welche Auswirkung die Buchung der Gutschrift bei der Otto Obermeyer KG auf deren Bilanzsumme hat und geben Sie den Betrag an.

d) Wie bezeichnet man die sich durch diese Buchung ergebende Wertänderung in der Bilanz?

e) Wie und in welcher Höhe wirkt sich die Buchung auf die GuV der Otto Obermeyer KG aus?

## 4. Aufgabe (10,0 Punkte)

Aus der Buchführung bzw. aus der Inventur ergeben sich bei der Otto Obermeyer KG für das Jahr 2020 folgende Zahlenwerte:

| | |
|---|---|
| Warenbestand 1. 1. 2020 | 45 000 € |
| Wareneingang | 186 000 € |
| Umsatzerlöse | 438 000 € |
| Warenbestand 31. 12. 2020 | 52 000 € |
| Privatentnahmen | 28 500 € |
| Privateinlagen | 2 250 € |
| Sonstige Betriebsausgaben | 176 400 € |

AUFGABEN:

Ermitteln Sie für das Jahr 2020

a) den Wareneinsatz,

b) den Rohgewinn,

c) den Reingewinn,

d) den Kalkulationszuschlag (zwei Dezimalstellen) sowie

e) die Handelsspanne (zwei Dezimalstellen).

## 5. Aufgabe (3,5 Punkte)

AUFGABE:

Kreuzen Sie in der untenstehenden Tabelle an, welche Aussage/n für Inventur, Inventar und Bilanz zutreffen. Dabei sind Mehrfachlösungen möglich:

| Aussagen | | Lösungsfelder (X) | | |
|---|---|---|---|---|
| | | Inventur | Inventar | Bilanz |
| a) | Es handelt sich um ein ausführliches Verzeichnis aller Vermögensgegenstände nach Art, Menge und Wert. | | | |
| b) | Die dazu erforderlichen Arbeiten müssen zehn Tage vor bis zehn Tage nach dem Stichtag durchgeführt werden. | | | |
| c) | Die Aufbewahrungsfrist dieser Unterlagen beträgt zehn Jahre (§ 147 Abs. 1 Nr. 1 AO). | | | |
| d) | Alle Buchführungspflichtigen sind dazu verpflichtet. | | | |

# III. Steuerwesen (38,0 Punkte)

## 1. Aufgabe (7,0 Punkte)

**Sachverhalte:**

1. Der Einkommensteuerbescheid 2020 wurde am 17. 9. 2021 (Freitag) mit einfachem Brief zur Post gegeben. Der Postbote warf ihn am 18. 9. 2021 in den Briefkasten Ihres Mandanten ein.
2. Mandant Siegfried Sorglos verbringt die Wintermonate stets an der Côte d'Azur. Der Einkommensteuerbescheid 2020 wurde am Montag, den 1. 3. 2021, mit einfachem Brief zur Post gegeben und gelangte wunschgemäß am Mittwoch, den 10. 3. 2021, an die Ferienadresse des Mandanten Siegfried Sorglos in Port Grimaud, nahe St. Tropez.
3. Der Einkommensteuerbescheid 2020 wurde am Freitag, den 16. 7. 2021, mit Postzustellungsurkunde zur Post gegeben und Mandant Siegfried Sorglos am Samstag, den 17. 7. 2021, wirksam zugestellt.
4. Siegfried Sorglos erhielt den Einkommensteuerbescheid 2020 (mit einfachem Brief zur Post am Montag, den 8. 3. 2021) nachweislich am Samstag, den 13. 3. 2021.

AUFGABE:

Prüfen Sie, zu welchem Zeitpunkt (Angabe des Datums erforderlich!) der Einkommensteuerbescheid 2020 Ihres Mandanten Siegfried Sorglos bekannt gegeben wurde.

Verwenden Sie für Ihre Lösung das nachfolgende Lösungsschema:

| | Tag der Bekanntgabe | Begründung (stichwortartig) |
|---|---|---|
| 1. | | |
| 2. | | |
| 3. | | |
| 4. | | |

## 2. Aufgabe (5,0 Punkte)

AUFGABE:

Bestimmen Sie unter Angabe der gesetzlichen Grundlage die jeweilige Einkunftsart:

1. Leo Löschmann ist Dozent am Institut der Feuerwehr NRW in Münster. In seiner Freizeit hat er den Elternratgeber „Messer, Gabel, Schere, Licht ... Erste Hilfe bei Unfällen im Haushalt" geschrieben. Vom Verlag hat er diesbezüglich ein Honorar i. H. von 4 500 € erhalten.
2. Das Hotel Comfort vermietet regelmäßig seinen Seminarraum an das Studienwerk der Steuerberater zu einem Preis i. H. von 400 € pro Tag.
3. Werner Wichtig ist Gesellschafter-Geschäftsführer der Wichtig-GmbH in Wesel. Von der GmbH erhält Wichtig einen Betrag i. H. von 60 000 € für seine Geschäftsführertätigkeit sowie eine Gewinnausschüttung i. H. von 24 000 €.
4. Fred Feilscher ist Handelsvertreter und vermittelt Maschinen sowie Betriebsstoffe an Land- und Forstwirte in der Region Chiemgau. Seine Einnahmen betragen 85 000 €.

## 3. Aufgabe (4,0 Punkte)

Die französische Studentin Nicole Petit mit Wohnsitz in Paris besuchte am 1. 10. 2020 ihre Freundin in Köln. Am 10. 10. 2020 lernte sie den Immobilienhändler Bernd Bau kennen. Bau beschäftigte Petit in dem Zeitraum vom 23. 10. 2020 bis zum 30. 5. 2021 als Sekretärin. Petit erhielt eine Schlafmöglichkeit im Gästezimmer der Freundin. Zwischen Weihnachten 2020 und Neujahr 2021 hielt Petit sich in Paris auf.

Danach kehrte sie in die Wohnung ihrer Freundin zurück. Am 30. 4. 2021 löste Petit ihr Arbeitsverhältnis bei Bau auf und zog wieder nach Paris.

AUFGABE:

Prüfen Sie die Voraussetzungen, ob Petit in Deutschland einkommensteuerpflichtig war. Begründen Sie unter Nennung der gesetzlichen Grundlage.

## 4. Aufgabe (4,0 Punkte)

a) Das Wirtschaftsjahr eines Landwirts läuft vom 1. 7. bis zum 30. 6. Im Wirtschaftsjahr 2019/2020 erzielte er einen Gewinn aus Land- und Forstwirtschaft i. H. von 60 000 €; im Wirtschaftsjahr 2020/2021 erzielte er einen Verlust i. H. von 30 000 €.

b) Das Wirtschaftsjahr eines im Handelsregister eingetragenen Gewerbetreibenden läuft vom 1. 4. bis zum 31. 3. Der Gewinn aus Gewerbebetrieb betrug:

- im Wirtschaftsjahr 2018/2019: 60 000 €;
- im Wirtschaftsjahr 2019/2020: 80 000 €;
- im Wirtschaftsjahr 2020/2021: 90 000 €.

AUFGABE:

Welcher Gewinn ist in den vorgenannten Fällen bei der Einkommensteuer für den Veranlagungszeitraum 2020 anzusetzen? Begründen Sie jeweils Ihre Antworten.

## 5. Aufgabe (18,0 Punkte)

Ihr Arbeitskollege hat Sie gebeten, ihn bei der Erstellung der Einkommensteuererklärung 2020 der Eheleute Rolf und Rita Reiser (beide 48 Jahre) zu unterstützen.

Aus der Handakte sowie den vorgelegten Unterlagen ergibt sich Folgendes:

Die Eheleute Reiser sind seit 1991 verheiratet. Einen Antrag auf Einzelveranlagung stellen sie nicht.

Rolf Reiser ist Lehrer an einer Sonderschule. Seine Bezüge haben im Jahr 2020 laut Lohnsteuerbescheinigung 50 630 € betragen. Den Weg von der Wohnung zur Schule (13 km) legte er im Jahr 2020 an insgesamt 210 Tagen mit seinem Pkw zurück. Folgende Belege legt Rolf Reiser vor:

- Aufwendungen für Fachliteratur 250 €
- Berufliche Kopierkosten 268 €
- Kosten eines Geburtstagsgeschenks für die Sekretärin 15 €

- Arbeitskreis Schulleitungen:
  - Gefahrene Kilometer: 580 km
  - Abwesenheit > acht Stunden: 12 Tage
- Da Rolf Reiser in der Schule kein Schreibtisch zur Verfügung steht, hat er ein Zimmer im Dachgeschoss seines Hauses als Arbeitszimmer eingerichtet. Die anteiligen Kosten für das Zimmer belaufen sich im Jahr 2020 auf 1 350 €
- Anschaffungskosten eines Bürostuhls für das Arbeitszimmer (Rechnung der Firma Schreib & Kram vom 11. 9. 2020 liegt vor) 472 €

Rita Reiser ist beim Caritasverband im Rahmen eines geringfügigen Beschäftigungsverhältnisses tätig. Ihr Arbeitslohn hat im Jahr 2020 3 760 € betragen, eine Pauschalversteuerung ist nicht erfolgt. Nennenswerte Werbungskosten sind Rita im Jahr 2020 nicht entstanden.

Aus einer Erbschaft im Jahr 2019 erzielt Rita Kapitalerträge. Die Summe der Erträge des Jahres 2020 ergibt sich aus der folgenden Bescheinigung der Hausbank. Kirchensteuer wurde nicht einbehalten, obwohl Rita kirchensteuerpflichtig ist.

***Kohle & Zaster Privatbank***

**Jahresbescheinigung über Kapitalerträge für das Jahr 2020**
**Steuerbescheinigung**

Rita Reiser

...

| **Bezeichnung** | **Zu versteuernde Einnahmen** | **Freigestellt** | **Anzurechnen KapESt/Zinsabschlag** |
|---|---|---|---|
| Guthaben und Einlagen | 593 | 0 | 148,25 |
| Festverz. Wertpapiere | 8 921 | 1 602 | 1 829,75 |
| Dividenden | 1 998 | 0 | 499,50 |
| Summe anzurechnender Solidaritätszuschläge | | | 136,26 |
| Depotkosten, Kontoführung | | 1 151 | |

(Angaben in €)

Aus der Vermietung einer Eigentumswohnung in Dresden erzielen die Reisers laut Angaben der Hausverwaltung einen Überschuss i. H. von 2 520 €. Anlässlich eines Mieterwechsels sowie zur Abnahme durchgeführter Reparaturen ist Rita Reiser Mitte 2020 selbst nach Dresden gefahren. Diesbezüglich sind Kosten i. H. von insgesamt 1 522 € entstanden. Ebenfalls sind in der Berechnung der Hausverwaltung die Finanzierungskosten und Abschreibungen i. H. von insgesamt 17 220 €, die die Wohnung in Dresden betreffen, nicht enthalten.

AUFGABE:

Ermitteln Sie den Gesamtbetrag der Einkünfte der Eheleute Reiser für den Veranlagungszeitraum 2020 (Berechnungen und Angabe gesetzlicher Grundlagen sind erforderlich!).

# Klausur 5: Lösungen

## I. Wirtschafts- und Sozialkunde (25,0 Punkte)

### 1. Aufgabe (4,5 Punkte)

a) Durch die Berufsgenossenschaft/Träger der gesetzlichen Unfallversicherung. **1,0 P**

b) Entgeltfortzahlung durch den Arbeitgeber **1,0 P**

für sechs Wochen, **0,5 P**

danach: Verletztengeld der Berufsgenossenschaft. **1,0 P**

c) Unfallrente der Berufsgenossenschaft. **1,0 P**

### 2. Aufgabe (6,0 Punkte)

**Berechnung der Gesamtzahl der beschäftigten Arbeitnehmer:**

| **Personen** | **Wöchentliche Arbeitszeit** | **Anrechenbar** | |
|---|---|---|---|
| 8 Meister | 38,5 Stunden | 8 | **0,5 P** |
| 12 Gesellen | 38,5 Stunden | 12 | **0,5 P** |
| 6 Auszubildende | 38,5 Stunden | 0 | **0,5 P** |
| 4 Teilzeitkräfte | 29,0 Stunden | 3 | **0,5 P** |
| 2 Teilzeitkräfte | 15,0 Stunden | 1 | **0,5 P** |
| 3 Büroangestellte | 38,5 Stunden | 3 | **0,5 P** |
| 4 Bundesfreiwilligendienstleistende | 38,5 Stunden | 0 | **0,5 P** |
| 3 Schwerbehinderte | 38,5 Stunden | 0 | **0,5 P** |

a) An dem U2 Verfahren nehmen ab dem 1. 1. 2006 alle Unternehmen teil. Unter Beachtung der gesetzlichen Bestimmungen ergeben sich für den Arbeitgeber in Bezug auf das U1 Verfahren 27 anrechenbare Arbeitnehmer. Er nimmt also an dem U1 Ausgleichsverfahren teil. **1,0 P**

b) U1 für den Ausgleich von Krankheitsaufwendungen für alle Arbeitnehmer (seit 1. 1. 2006); U2 für den Ausgleich von Mutterschaftsaufwendungen für alle Arbeitnehmerinnen. **1,0 P**

### 3. Aufgabe (4,5 Punkte)

a)

| | | |
|---|---|---|
| Wirksamkeit: | Schwebend unwirksam | **0,5 P** |
| Begründung: | Der Vertrag wird nur mit Zustimmung des gesetzlichen Vertreters wirksam. | **1,0 P** |

b)

| | | |
|---|---|---|
| Wirksamkeit: | Nichtig | 0,5 P |
| Begründung: | Ohne die Zustimmung des gesetzlichen Vertreters (der Eltern) kann nicht gekündigt werden. | 1,0 P |

c)

| | | |
|---|---|---|
| Wirksamkeit: | Wirksam | 0,5 P |
| Begründung: | Die Zustimmung der Eltern ist nicht erforderlich, weil durch die Schenkung lediglich ein rechtlicher Vorteil erlangt wird. | 1,0 P |

## 4. Aufgabe (5,0 Punkte)

**Rechtsgeschäft 1**

| | | | |
|---|---|---|---|
| a) | Bezeichnung des Rechtsgeschäfts<br>*und* Art des Rechtsgeschäfts | Mietvertrag<br>= zweiseitiges Rechtsgeschäft | 0,5 P<br>0,5 P |
| b) | Empfangsbedürftigkeit<br>*oder* Vertragsinhalt | Überlassung einer Sache zum Gebrauch gegen Entgelt | 1,0 P |

**Rechtsgeschäft 2**

| | | | |
|---|---|---|---|
| a) | Bezeichnung des Rechtsgeschäfts<br>*und* Art des Rechtsgeschäfts | Kündigung<br>= einseitiges Rechtsgeschäft | 0,5 P<br>0,5 P |
| b) | Empfangsbedürftigkeit<br>*oder* Vertragsinhalt | Empfangsbedürftig | 0,5 P |

**Rechtsgeschäft 3**

| | | | |
|---|---|---|---|
| a) | Bezeichnung des Rechtsgeschäfts<br>*und* Art des Rechtsgeschäfts | Testament<br>= einseitiges Rechtsgeschäft | 0,5 P<br>0,5 P |
| b) | Empfangsbedürftigkeit<br>*oder* Vertragsinhalt | Nicht empfangsbedürftig | 0,5 P |

## 5. Aufgabe (5,0 Punkte)

a) Der Ausbildungsvertrag erfordert die Schriftform (§ 11 BBiG). **1,0 P**

b) Der Grundstückskaufvertrag muss notariell beurkundet werden (§ 311b Abs. 1 BGB). **1,0 P**

c) Dieser Mietvertrag erfordert die Schriftform (§ 550 BGB). **1,0 P**

d) Der Pkw-Kaufvertrag kann formfrei geschlossen werden. **1,0 P**

e) Ein Bürgschaftsvertrag erfordert die Schriftform (§ 766 BGB). **1,0 P**

## II. Rechnungswesen (37,0 Punkte)

**Vorbemerkung zu den Kontenbezeichnungen in den Lösungen:**
Die §§ 266, 275 HGB regeln, welche Posten in der Bilanz und in der GuV auszuweisen sind. Das HGB schreibt aber kein bestimmtes Buchführungssystem vor und damit auch nicht die Bezeichnung der Konten. Gleichwohl müssen die Geschäftsvorfälle so gebucht werden, dass ein Überblick über die Vermögens- und Ertragslage gewährleistet ist. Aus steuerlichen Gründen (z. B. Umsatzsteuer, einkommensteuerliches Teileinkünfteverfahren) bietet es sich an, bereits bei der Buchung der laufenden Geschäftsvorfälle die steuerlichen Konsequenzen im Blick zu haben und entsprechend differenziert zu buchen. In der Praxis ist vor diesem Hintergrund der „DATEV-E-Bilanz-Standardkontenrahmen (SKR) 03" sehr stark verbreitet. Die Kontenbezeichnungen in den Lösungen entsprechen weitgehend dem SKR 03. In den Lösungen zu den Klausuren werden jedoch regelmäßig auch andere zutreffende Kontenbezeichnungen zugelassen.

ERGÄNZENDER HINWEIS:

Der Umsatzsteuerregelsatz beträgt für Leistungen von Juli 2020 bis Dezember 2020 16 % (statt 19 %); der ermäßigte Steuersatz beträgt in diesem Zeitraum 5 % (statt 7 %).

### 1. Aufgabe (8,5 Punkte)

a) **Verkauf der Ware/Ausgangsrechnung:**

**Buchung:**

| | | | | |
|---|---|---|---|---|
| Forderungen aus LuL | 1 155,60 € | an | Umsatzerlöse | 1 080,00 € |
| | | an | Umsatzsteuer | 75,60 € |

**Buchung 1,5 P / Berechnung 1,0 P**

b) **Gutschrift:**

**Buchung:**

| | | | | |
|---|---|---|---|---|
| Erlösschmälerungen (5 %) | 54,00 € | | | |
| Umsatzsteuer (7 %) | 3,78 € | an | Forderungen aus LuL | 57,78 € |

**Buchung 1,5 P / Berechnung 1,0 P**

c) **Bankgutschrift:**

**Buchung:**

| | | | | |
|---|---|---|---|---|
| Bank | 1 075,86 € | | | |
| Gewährte Skonti | 20,52 € | | | |
| Umsatzsteuer (7 %) | 1,44 € | an | Forderungen aus LuL | 1 097,82 € |

**Buchung 2,0 P / Berechnung 1,5 P**

## 2. Aufgabe (8,0 Punkte)

a) **Kauf der Ware/Rechnungseingang:**

**Buchung:**

| | | | | |
|---|---|---|---|---|
| Wareneinkauf | 1 197,00 € | | | |
| Vorsteuer | 227,43 € | an | Verbindl. aus LuL | 1 424,43 € |
| | | | | **Buchung 1,5 P** |

b) **Banküberweisung:**

**Buchung:**

| | | | | |
|---|---|---|---|---|
| Verbindl. aus LuL | 1 424,43 € | an | Bank | 1 350,00 € |
| | | an | Erhaltene Skonti | 62,55 € |
| | | an | Vorsteuer | 11,88 € |
| | | | | **Buchung 2,0 P / Berechnung 1,0 P** |

c) **Nachforderung:**

**Buchung:**

| | | | | |
|---|---|---|---|---|
| Erhaltene Skonti | 42,02 € | | | |
| Vorsteuer | 7,98 € | an | Verbindl. aus LuL | 50,00 € |
| | | | | **Buchung 1,5 P / Berechnung 1,0 P** |

d) **Restzahlung:**

**Buchung:**

| | | | | |
|---|---|---|---|---|
| Verbindl. aus LuL | 50 € | an | Bank | 50 € |
| | | | | **Buchung 1,0 P** |

## 3. Aufgabe (7,0 Punkte)

a) **Bonus/Netto-Umsatz:**

| | | |
|---|---|---|
| Bonus (brutto) | 1 023,40 € | |
| ./. enthaltene Umsatzsteuer | 163,40 € | |
| = Bonus (netto) | 860,00 € | **1,0 P** |
| Netto-Umsatz (x 100 : 2 =) | 43 000,00 € | **1,0 P** |

b) **Buchung der Gutschrift:**

| | | | | |
|---|---|---|---|---|
| Verbindl. aus LuL | 1 023,40 € | an | Erhaltene Boni | 860,00 € |
| | | an | Vorsteuer | 163,40 € |
| | | | | **Buchung 1,5 P / Berechnung 0,5 P** |

c) **Bilanzsumme:**

Die Bilanzsumme mindert sich um 163,40 €. **1,0 P**

d) **Bezeichnung der Wertveränderung:**

Aktiv-Passiv-Minderung **1,0 P**

e) **Gewinnauswirkung:**

Gewinnerhöhung um 860 €. **1,0 P**

## 4. Aufgabe (10,0 Punkte)

a) **Ermittlung des Wareneinsatzes:**

| | | |
|---|---|---|
| Warenbestand 1. 1. 2020 | 45 000 € | |
| + Wareneingang | 186 000 € | |
| ./. Warenbestand 31. 12. 2020 | 52 000 € | |
| = Wareneinsatz | 179 000 € | **3,0 P** |

b) **Ermittlung des Rohgewinns:**

| | | |
|---|---|---|
| Umsatzerlöse | 438 000 € | |
| ./. Wareneinsatz | 179 000 € | |
| = Rohgewinn | 259 000 € | **1,5 P** |

c) **Ermittlung des Reingewinns:**

| | | |
|---|---|---|
| Rohgewinn | 259 000 € | |
| ./. Sonstige Betriebsausgaben | 176 400 € | |
| = Reingewinn | 82 600 € | **1,5 P** |

d) **Ermittlung des Kalkulationszuschlags:**

$$\frac{\text{Rohgewinn x 100}}{\text{Wareneinsatz}} = \frac{259\,000 \text{ x } 100}{179\,000} = 144{,}69\ \%$$ **2,0 P**

e) **Ermittlung der Handelsspanne:**

$$\frac{\text{Rohgewinn x 100}}{\text{Umsatzerlöse}} = \frac{259\,000 \text{ x } 100}{438\,000} = 59{,}13\ \%$$ **2,0 P**

## 5. Aufgabe (3,5 Punkte)

| | Aussagen | Lösungsfelder (X) | | |
|---|---|---|---|---|
| | | Inventur | Inventar | Bilanz |
| a) | Es handelt sich um ein ausführliches Verzeichnis aller Vermögensgegenstände nach Art, Menge und Wert. | | X | |
| b) | Die dazu erforderlichen Arbeiten müssen zehn Tage vor bis zehn Tage nach dem Stichtag durchgeführt werden. | X | | |
| c) | Die Aufbewahrungsfrist dieser Unterlagen beträgt zehn Jahre (§ 147 Abs. 1 Nr. 1 AO). | | X | X |
| d) | Alle Buchführungspflichtigen sind dazu verpflichtet. | X | X | X |
| | | **1,0 P** | **1,5 P** | **1,0 P** |

# III. Steuerwesen (38,0 Punkte)

## 1. Aufgabe (7,0 Punkte)

| | Tag der Bekanntgabe | Begründung (stichwortartig) |
|---|---|---|
| 1. | 20. 9. 2021<br>Montag<br>**1,0 P** | Bekanntgabe drei Tage nach Aufgabe zur Post, § 122 Abs. 2 Nr. 1 AO **0,5 P** |
| 2. | 1. 4. 2021<br>Donnerstag<br>**1,0 P** | Bekanntgabe bei Übermittlung im Ausland, einen Monat nach Aufgabe zur Post, § 122 Abs. 2 Nr. 2 AO **1,0 P** |
| 3. | 17. 7. 2021<br>Samstag<br>**1,0 P** | Bekanntgabe mit Zustellung, § 122 Abs. 5 AO i. V. mit §§ 2 und 3 VwZG **1,0 P** |
| 4. | 13. 3. 2021<br>Samstag<br>**1,0 P** | Drei-Tage-Regelung für die Bekanntgabe greift nur, wenn der Steuerbescheid nicht zu einem späteren Zeitpunkt zugegangen ist; dies ist hier nachweislich der Fall, § 122 Abs. 2 AO **0,5 P** |

## 2. Aufgabe (5,0 Punkte)

1. **Leo Löschmann:**

   Dozent am Institut der Feuerwehr NRW:

   Einkünfte aus nichtselbständiger Arbeit, § 19 Abs. 1 Satz 1 Nr. 1 EStG **0,5 P**

   Autor des Elternratgebers „Messer, Gabel, Schere, Licht, ...“:

   Einkünfte aus selbständiger Arbeit, § 18 Abs. 1 Nr. 1 EStG (schriftstellerische Arbeit) **0,5 P**

2. **Hotel Comfort:**

   Der Betreiber des als Einzelunternehmen geführten Betriebs erzielt Einkünfte aus Gewerbebetrieb, § 15 Abs. 1 Satz 1 Nr. 1 EStG. Die Einkünfte umfassen auch die Vermietung des Seminarraums. **1,0 P**

3. **Werner Wichtig:**

   Geschäftsführertätigkeit:

   Einkünfte aus nichtselbständiger Arbeit, § 19 Abs. 1 Satz 1 Nr. 1 EStG **1,0 P**

   Gewinnausschüttung:

   Einkünfte aus Kapitalvermögen, § 20 Abs. 1 Nr. 1 EStG **1,0 P**

4. **Fred Feilscher/Handelsvertreter:**

   Einkünfte aus Gewerbebetrieb, § 15 Abs. 1 Satz 1 Nr. 1 EStG **1,0 P**

## 3. Aufgabe (4,0 Punkte)

Petit ist in den Veranlagungszeiträumen 2020 und 2021 unbeschränkt einkommensteuerpflichtig, da sie ihren gewöhnlichen Aufenthalt im Inland hatte (§ 1 Abs. 1 EStG).

Petit hatte ihren gewöhnlichen Aufenthalt im Inland, weil sie sich nicht nur vorübergehend im Inland aufgehalten hat. Ein nicht nur vorübergehender Aufenthalt im Inland wird immer dann angenommen, wenn sich die betreffende Person länger als sechs Monate im Inland aufgehalten hat (§ 9 AO). Die sechs Monate brauchen nicht zusammenhängend zu verlaufen und auch nicht in einem Veranlagungszeitraum vorzuliegen. Gemäß § 9 AO bleiben kurzfristige Unterbrechungen (von bis zu zehn Tagen) unberücksichtigt, d. h. der Auslandsaufenthalt zählt für die Fristberechnung mit. **4,0 P**

ERGÄNZENDER HINWEIS:

Es sind somit für die Veranlagungszeiträume 2020 und 2021 Einkommensteuerveranlagungen vorzunehmen (§ 2 Abs. 7 und § 25 Abs. 1 EStG). Bei der Durchführung der Veranlagungen ist das deutsch-französische Doppelbesteuerungsabkommen zu beachten.

## 4. Aufgabe (4,0 Punkte)

**Zu a)**

Bei Land- und Forstwirten ist der Gewinn des Wirtschaftsjahres auf das Kalenderjahr, in dem das Wirtschaftsjahr beginnt, und auf das Kalenderjahr, in dem das Wirtschaftsjahr endet, entsprechend dem zeitlichen Anteil aufzuteilen, § 4a Abs. 2 Nr. 1 EStG.

| | | | |
|---|---|---|---|
| Wirtschaftsjahr 2019/2020: | 60 000 € x $^6/_{12}$ = | 30 000 € | |
| Wirtschaftsjahr 2020/2021: | ./. 30 000 € x $^6/_{12}$ = | ./. 15 000 € | |
| Im Veranlagungszeitraum 2020 anzusetzen: | | 15 000 € | **2,0 P** |

**Zu b)**

Bei Gewerbetreibenden gilt der Gewinn des Wirtschaftsjahres als in dem Kalenderjahr bezogen, in dem das Wirtschaftsjahr endet, § 4a Abs. 2 Nr. 2 EStG. Mithin ist der Gewinn des Wirtschaftsjahres 2019/2020 i. H. von 80 000 € vollständig dem Veranlagungszeitraum 2020 zuzurechnen. **2,0 P**

## 5. Aufgabe (18,0 Punkte)

**Ermittlung des Gesamtbetrags der Einkünfte der Eheleute Reiser für das Jahr 2020:**

1. Einkünfte aus nichtselbständiger Arbeit, § 19 Abs. 1 Satz 1 Nr. 1 EStG **0,5 P**

a) Rolf Reiser

| | | | | |
|---|---|---|---|---|
| Arbeitslohn | | | 50 630 € | |
| **Werbungskosten** | | | | |
| ./. Entfernungspauschale: | | | | |
| 210 Tage x 13 km x 0,30 € = | | 819 € | | **1,0 P** |
| ./. Fachliteratur | | 250 € | | **0,5 P** |
| ./. Kopierkosten | | 268 € | | **0,5 P** |
| ./. Reisekosten Arbeitskreis (Dienstreisen): | | | | |
| Fahrtkosten 580 km x 0,30 € = | 174 € | | | **1,0 P** |
| Verpflegungsmehraufwendungen: | | | | |
| 12 Tage x 14 € = | 168 € | | | **1,0 P** |
| Reisekosten insgesamt | | 342 € | | |
| ./. Bürostuhl | | 472 € | | **1,0 P** |
| ./. Aufwendungen für ein häusliches Arbeitszimmer, max. abzugsfähig | | 1 250 € | | **1,0 P** |
| = Werbungskosten insgesamt | | | 3 401 € | |
| = Einkünfte Rolf Reiser aus nichtselbständiger Arbeit | | | 47 229 € | |

Keine Berücksichtigung der Kosten des Geburtstagsgeschenks. **1,0 P**

ERGÄNZENDE HINWEISE:

Die Aufwendungen für das Geburtstagsgeschenk können nicht als Werbungskosten berücksichtigt werden (nicht abziehbare Repräsentationskosten).

Die Aufwendungen für den Bürostuhl sind im Jahr der Anschaffung vollständig abzugsfähig, da es sich um ein geringwertiges Wirtschaftsgut (Arbeitsmittel) i. S. des § 9 Abs. 1 Satz 3 Nr. 7 Satz 2 i. V. mit § 6 Abs. 2 EStG handelt:

- Abnutzbares, bewegliches Wirtschaftsgut,
- selbständig nutzbar,
- Anschaffungskosten (abzüglich Vorsteuer) ≤ 800 €.

b) Rita Reiser

| | | |
|---|---|---|
| Arbeitslohn | 3 760 € | |
| ./. Arbeitnehmer-Pauschbetrag | ./. 1 000 € | **0,5 P** |
| = Einkünfte aus nichtselbständiger Arbeit | 2 760 € | |

ERGÄNZENDER HINWEIS:

Laut Sachverhalt wurde der Arbeitslohn nicht pauschal versteuert. Dies hat zur Folge, dass Einnahmen bei der Steuerfestsetzung für 2020 zu berücksichtigen sind.

2. Einkünfte aus Kapitalvermögen, § 20 EStG

Die Einkünfte aus Kapitalvermögen unterliegen der Abgeltungsteuer i. H. von 25 % und müssen demnach in die Berechnung des zu versteuernden Einkommens nicht einbezogen werden (§ 43 Abs. 5 EStG).

Der Mandant kann jedoch die Einbeziehung der Kapitalerträge in seine Veranlagung beantragen (§ 32d Abs. 4 EStG). In diesem Fall sind auch die Dividenden zu 100 % anzusetzen.

Der Sparer-Pauschbetrag beläuft sich auf 801 €/1 602 € (Alleinstehende/Ehegatten). Ein Abzug tatsächlich entstandener Werbungskosten ist nicht möglich.

Dennoch sind die Kapitalerträge im vorliegenden Fall im Rahmen der Steuererklärung zumindest zu erklären, da bisher keine Berücksichtigung im Rahmen der Kirchensteuer erfolgte. Darüber hinaus ist die Angabe zum Zwecke der Günstigerprüfung möglich.

| | | |
|---|---|---|
| Dividenden, § 20 Abs. 1 Nr. 1 EStG | 1 998 € | |
| + Guthaben, Wertpapiere, § 20 Abs. 1 Nr. 7 EStG | 9 514 € | |
| = Einnahmen aus Kapitalvermögen | 11 512 € | |
| ./. Sparer-Pauschbetrag, § 20 Abs. 9 EStG | ./. 1 602 € | |
| = Einkünfte aus Kapitalvermögen | 9 910 € | **2,5 P** |

3. Einkünfte aus Vermietung und Verpachtung, § 21 Abs. 1 Satz 1 Nr. 1 EStG

| | | | |
|---|---|---|---|
| Überschuss laut Abrechnung Hausverwaltung | | 2 520 € | **1,0 P** |
| ./. Abschreibung und Schuldzinsen | | ./. 17 220 € | **1,0 P** |
| ./. Reisekosten | | ./. 1 522 € | **1,5 P** |
| = Einkünfte aus Vermietung und Verpachtung | | ./. 16 222 € | |

4. Gesamtbetrag der Einkünfte 2020

| | Rolf Reiser | Rita Reiser | |
|---|---|---|---|
| 1. Nichtselbständige Arbeit | 47 229 € | 2 760 € | |
| 2. Kapitalvermögen | | | |
| kein Ansatz der Abgeltungsteuer | | – | |
| 3. Vermietung und Verpachtung | ./. 8 111 € | ./. 8 111 € | |
| Summe der Einkünfte | 39 118 € | ./. 5 351 € | |
| Gesamtbetrag der Einkünfte | | 33 767 € | **4,0 P** |

# Klausur 6: Aufgaben

## I. Wirtschafts- und Sozialkunde (25,0 Punkte)

### 1. Aufgabe (6,0 Punkte)

AUFGABE:

Ordnen Sie den unten aufgeführten Aufgaben die jeweils zuständigen Institutionen zu:

a) Überwachung der Einhaltung von Vorschriften zur Unfallverhütung.

b) Eintragung von Ausbildungsverträgen.

c) Gewährung von Zuschüssen zu Weiterbildungsmaßnahmen nach dem AFG.

d) Abschluss eines Tarifvertrags.

e) Zahlung von Mutterschaftsgeld.

f) Zahlung einer Altersrente.

### 2. Aufgabe (3,0 Punkte)

Thomas Everding hat sich beim Autohaus Brüggemann einen Gebrauchtwagen für 11 980 € gekauft. Bei Vertragsabschluss hat er 5 000 € angezahlt. Der Restbetrag sollte nach erfolgter Durchsicht und Reinigung des Fahrzeugs bei Übergabe beglichen werden.

Als Herr Everding das Fahrzeug abholen wollte, stellte sich heraus, dass es gestohlen wurde, obwohl es ordnungsgemäß verschlossen auf dem Firmengelände abgestellt worden war.

AUFGABEN:

Prüfen Sie, ob Herr Everding

a) Anspruch auf einen anderen gleichwertigen Pkw hat oder

b) sein Geld zurückverlangen kann und

c) eventuell Schadensersatz verlangen kann.

### 3. Aufgabe (4,0 Punkte)

Mandant Günter Bachmann betreibt in Bielefeld einen Fachgroßhandel für Sanitär- und Heizungsbedarf. Der Betrieb befindet sich in eigenen Räumen auf ca. 1 200 m² Betriebsfläche. Er beschäftigt zwölf Mitarbeiter/innen und hat einen entsprechend großen Lieferanten- und Kundenkreis.

AUFGABEN:

a) Nehmen Sie zur Kaufmannseigenschaft des Mandanten Stellung.

b) Nennen Sie jeweils zwei Rechte und Pflichten, die ein Kaufmann im Gegensatz zu einem Nichtkaufmann hat.

## 4. Aufgabe (4,0 Punkte)

Mandant Theo Wessels ist Inhaber eines Tabakwaren-Einzelhandels. In seinen Betriebsräumen befindet sich eine Lotto- und Toto-Annahmestelle. Außerdem werden Zeitungen und Zeitschriften verkauft.

Die Tabakwaren kauft er bei der Großhandlung Freckmann, während Zeitungen und Zeitschriften von den Verlagen in Kommission übernommen und an die Kunden verkauft werden.

AUFGABEN:

a) Nennen Sie zwei Gründe, warum der Mandant Zeitungen und Zeitschriften nur als Kommissionsware verkauft.

b) Wer sind beim Verkauf der Zeitungen und Zeitschriften die Vertragspartner?

Begründen Sie Ihre Auffassung.

## 5. Aufgabe (8,0 Punkte)

Der 17-jährige Schüler Florian Kleinschmidt schreibt in seiner Freizeit mit Zustimmung seiner Eltern Computerprogramme, die geeignet sind, Betriebsabläufe in Betrieben zu optimieren. Die Programme verkauft er an andere Gewerbetreibende. Er erzielt durch diese Tätigkeit erhebliche Einnahmen und Gewinne.

AUFGABE:

Stellen Sie fest, ob und ggf. unter welchen Voraussetzungen die nachfolgenden Willenserklärungen rechtswirksam sind:

a) Florian kauft sich ohne das Wissen seiner Eltern einen neuen, noch leistungsfähigeren Rechner, um noch komplexere Programme entwickeln zu können. Der Rechner kostet 4 000 € zzgl. 19 % Umsatzsteuer.

b) Von seinen erwirtschafteten Einnahmen kauft er eine Stereoanlage für 2 520 €. Die Eltern stimmen dem Kaufvertrag nicht zu, weil der Betrieb der Anlage zu einer erheblichen Geräuschbelästigung in der Wohnung führt.

c) Florian ist vom zuständigen Finanzamt aufgefordert worden, seine Umsatzsteuer-, Gewerbesteuer- und Einkommensteuererklärungen abzugeben. Sein Steuerberater hat die Erklärungen erstellt. Da Florian nicht will, dass seine Eltern über seine finanziellen Verhältnisse informiert sind, lässt er die Erklärungen nicht von ihnen unterschreiben, sondern unterschreibt selbst.

d) Da nach Auffassung der Eltern und der Lehrer die schulischen Leistungen von Florian in der letzten Zeit stark nachgelassen haben, untersagen die Eltern ihm die Fortführung des Betriebs.

## II. Rechnungswesen (36,0 Punkte)

Die Firma Hugo Meißner, Einzelhandel mit Herrenoberbekleidung in Siegen, ermittelt ihren Gewinn durch Betriebsvermögensvergleich (§ 5 und § 4 Abs. 1 EStG). Das Wirtschaftsjahr stimmt mit dem Kalenderjahr überein. Die Umsätze werden nach den allgemeinen Vorschriften des UStG versteuert. Voranmeldungszeitraum ist der Kalendermonat.

### 1. Aufgabe (4,0 Punkte)

AUFGABE:

Stellen Sie für die nachfolgenden Geschäftsvorfälle fest, welche Auswirkung deren Buchung auf den *Gewinn* und die *Bilanzsumme* des Jahres 2020 der Firma Hugo Meißner hat. Geben Sie den jeweiligen Betrag in € mit dem richtigen Vorzeichen (+ oder ./.) an:

| | Geschäftsvorfälle | Gewinn | Bilanzsumme |
|---|---|---|---|
| a) | Warenverkauf auf Ziel. Der Nettowarenwert beträgt 250 € zzgl. 47,50 € Umsatzsteuer. | | |
| b) | Darlehensaufnahme für den Umbau des Ladengeschäfts Anfang April 2020 i. H. von 100 000 €. Das Darlehen wird zu 95 % ausgezahlt. | | |
| c) | Das Disagio aus der Darlehensaufnahme wird anteilig mit 1 250 € als Zinsaufwand berücksichtigt. | | |
| d) | Die Sparkasse belastet das Bankkonto zum 30. 6. 2020 mit 7 000 €, wovon 2 000 € auf Zinsen entfallen. Das Bankkonto weist einen Schuldsaldo aus. | | |

## 2. Aufgabe (8,0 Punkte)

Bei der Firma Hugo Meißner ergeben sich aus der Buchführung u. a. folgende Informationen:

| | |
|---|---|
| Warenbestand 1. 1. 2020 | 165 668 € |
| Warenbestand 31. 12. 2020 | 156 816 € |
| Wareneingang | 873 708 € |
| Warenbezugskosten | 13 224 € |
| Erhaltene Skonti | 5 708 € |
| Rückgaben von Kunden | 6 432 € |
| Verkaufserlöse | 1 489 892 € |

AUFGABEN:

Ermitteln Sie in einer übersichtlichen Darstellung

a) den Wareneinsatz,

b) den Rohgewinn,

c) den Kalkulationszuschlag sowie

d) die Handelsspanne.

## 3. Aufgabe (4,0 Punkte)

Anfang Februar 2020 hat die Firma Hugo Meißner neue Hard- und Software angeschafft, die ihr wie folgt berechnet wurde:

| | |
|---|---|
| PC mit Monitor | 3 200,00 € |
| + Laserdrucker mit Druckerkabel | 450,00 € |
| + Windows 10 | 145,00 € |
| + „Dressman 7" (Spezialprogramm für den Einzelhandel) | 920,00 € |
| = | 4 715,00 € |
| + 19 % Umsatzsteuer | 895,85 € |
| = Rechnungsbetrag | 5 610,85 € |

Die Rechnung wurde sofort ohne Abzug per Banküberweisung beglichen.

AUFGABE:

Buchen Sie den Anschaffungsvorgang.

## 4. Aufgabe (6,0 Punkte)

Anfang 2020 hat Herr Meißner 40 000 Liter Heizöl gekauft. Vom Händler wurde ihm dafür folgende Rechnung ausgestellt:

| Menge | Preis/100 Liter | Gesamt |
|---|---|---|
| 40 000 Liter | 29,65 € | 11 860,00 € |
| | + 19 % Umsatzsteuer | 2 253,40 € |
| | Rechnungsbetrag | 14 113,40 € |

Herr Meißner hat von der gesamten Liefermenge entsprechend den beigefügten Messkarten

- 10 000 Liter für sein Ladengeschäft in Wuppertal,
- 25 000 Liter für sein betriebliches Mietwohngrundstück und
- 5 000 Liter für sein privat genutztes Einfamilienhaus

erhalten. Der Rechnungsbetrag wurde sofort ohne Abzug von Skonto per Überweisung vom betrieblichen Bankkonto überwiesen.

AUFGABE:

Buchen Sie den Vorgang.

## 5. Aufgabe (7,0 Punkte)

Die Firma Hugo Meißner erwirbt Anfang März 2020 von der Firma Auto-Becker einen neuen Betriebs-Pkw, der vom Betriebsinhaber nicht privat genutzt wird. Die Voraussetzungen i. S. des § 7g EStG liegen **nicht** vor. Die Nutzungsdauer des Fahrzeugs ist mit vier Jahren anzunehmen.

Die Rechnung der Firma Auto-Becker lautete:

| | | |
|---|---|---|
| | Listenpreis Pkw (Benziner) | 29 600,00 € |
| + | Sonderausstattung | 400,00 € |
| = | | 30 000,00 € |
| ./. | Rabatt 5 % | 1 500,00 € |
| = | verbleiben | 28 500,00 € |
| + | 1. Tankfüllung | 70,00 € |
| = | Rechnungsbetrag netto | 28 570,00 € |
| + | 19 % Umsatzsteuer | 5 428,30 € |
| = | | 33 998,30 € |
| + | Auslagen für die Zulassung laut Beleg | 40,00 € |
| + | Auslagen für die Nummernschilder laut anliegender Rechnung | 23,80 € |
| = | Gesamtrechnungsbetrag | 34 062,10 € |

AUFGABEN:

a) Ermitteln Sie in übersichtlicher Darstellung die Anschaffungskosten des Pkw.

b) Buchen Sie den Anschaffungsvorgang.

c) Ermitteln Sie den höchstmöglichen Abschreibungsbetrag für 2020.

## 6. Aufgabe (7,0 Punkte)

Ronald Bergmann ist Geschäftsführer der Firma Hugo Meißner. Er erhielt bisher ein monatliches Bruttogehalt i. H. von 3 230,50 €. Außerdem übernimmt die Firma die vermögenswirksamen Leistungen (VL) i. H. von 40 € monatlich.

Ab Anfang März 2020 stellt die Firma Herrn Bergmann zusätzlich das Betriebsfahrzeug (siehe 5. Aufgabe) zur privaten Nutzung zur Verfügung. Der Listenpreis des Pkw beträgt einschließlich Umsatzsteuer 35 700 €. Der geldwerte Vorteil beträgt damit 1 % monatlich = 357 €.

Für Herrn Bergmann (Stkl. III, 2,0 Kinderfreibeträge, konfessionslos) ergeben sich für März 2020 folgende Abzugsbeträge (Arbeitnehmerbeiträge):

| | |
|---|---|
| Lohnsteuer | 295,16 € |
| Solidaritätszuschlag | 0 € |
| Rentenversicherung (50 %) | 18,6 % |
| Arbeitslosenversicherung (50 %) | 2,4 % |
| Pflegeversicherung (50 %) | 3,05 % |
| Krankenversicherung (50 %) | 14,6 % |
| Krankenversicherungs-Zusatzbeitrag (50 %) | 1,1 % |

AUFGABEN:

a) Ermitteln Sie in einer übersichtlichen Darstellung den Bruttolohn, den Nettolohn und den Auszahlungsbetrag.

b) Buchen Sie die Gehaltsabrechnung nach der Bruttomethode (Arbeitgeberanteil inkl. Umlagen: 812,74 €).

ERGÄNZENDER HINWEIS:

Runden Sie bitte Steuern und Sozialversicherungsbeiträge zugunsten des Steuerpflichtigen auf zwei Nachkommastellen ab.

# III. Steuerwesen (39,0 Punkte)

## 1. Aufgabe (2,0 Punkte)

AUFGABEN:

a) Was ist der Hauptzweck der Steuererhebung? Bitte nennen Sie auch die gesetzliche Grundlage.

b) Nennen Sie mindestens ein Beispiel für einen Nebenzweck der Steuererhebung.

## 2. Aufgabe (5,0 Punkte)

Der Mandant Alfons Appelbeck, wohnhaft in Münster, erhält am 7. 5. 2021 den Einkommensteuerbescheid für 2020. Der Bescheid ging am 4. 5. 2021 zur Post (einfacher Brief). Herr Appelbeck bittet Sie am 12. 7. 2021, Einspruch gegen den Steuerbescheid einzulegen, da Werbungskosten i. H. von 9 500 € nicht anerkannt wurden.

Nebenbei berichtet Appelbeck von seinem Verkehrsunfall am 26. 5. 2021. Erst am 10. 6. 2021 habe er das Krankenhaus wieder verlassen können.

**Auszug aus dem Kalender 2021**

| | Mai | | | | | | Juni | | | | | Juli | | | | | August | | | | | |
|---|---|---|---|---|---|---|---|---|---|---|---|---|---|---|---|---|---|---|---|---|---|---|
| Mo | | 3 | 10 | 17 | **24** | 31 | | 7 | 14 | 21 | 28 | | 5 | 12 | 19 | 26 | | 2 | 9 | 16 | 23 | 30 |
| Di | | 4 | 11 | 18 | 25 | | 1 | 8 | 15 | 22 | 29 | | 6 | 13 | 20 | 27 | | 3 | 10 | 17 | 24 | 31 |
| Mi | | 5 | 12 | 19 | 26 | | 2 | 9 | 16 | 23 | 30 | | 7 | 14 | 21 | 28 | | 4 | 11 | 18 | 25 | |
| Do | | 6 | **13** | 20 | 27 | | **3** | 10 | 17 | 24 | | 1 | 8 | 15 | 22 | 29 | | 5 | 12 | 19 | 26 | |
| Fr | | 7 | 14 | 21 | 28 | | 4 | 11 | 18 | 25 | | 2 | 9 | 16 | 23 | 30 | | 6 | 13 | 20 | 27 | |
| Sa | **1** | 8 | 15 | 22 | 29 | | 5 | 12 | 19 | 26 | | 3 | 10 | 17 | 24 | 31 | | 7 | 14 | 21 | 28 | |
| So | 2 | 9 | 16 | 23 | 30 | | 6 | 13 | 20 | 27 | | 4 | 11 | 18 | 25 | | 1 | 8 | 15 | 22 | 29 | |

Maifeiertag 1. Mai, Christi Himmelfahrt 13. Mai, Pfingstmontag 24. Mai, Fronleichnam 3. Juni

AUFGABE:

Prüfen Sie, bis wann Sie für Ihren Mandanten Appelbeck noch Einspruch einlegen können. Begründen Sie Ihre Lösung durch eine übersichtliche Fristberechnung.

## 3. Aufgabe (6,0 Punkte)

An der Tisch und Tennis OHG aus Tübingen sind die Gesellschafter Bunt und Specht mit einem Kapitalanteil i. H. von je 50 000 € beteiligt. Die OHG konnte im Jahr 2020 einen handelsrechtlichen Gewinn i. H. von 23 400 € erzielen. Hinsichtlich der Gewinnverteilung besagt der Gesellschaftsvertrag Folgendes:

> ***Gesellschaftsvertrag***
>
> ...
>
> ***§ 5 Geschäftsführervergütung, Gewinnverteilung***
>
> *Die Gesellschafter werden zugleich als Geschäftsführer für die OHG tätig. Für diese Tätigkeit erhalten sie jeweils eine monatliche Vergütung i. H. von 2 000 €.*
>
> *Der verbleibende Gewinn wird, nach Abzug von Sondervergütungen für die Überlassung von Kapital oder Grundvermögen, nach Köpfen verteilt.*

Der Gesellschafter Bunt erhält für die Vermietung einer Lagerhalle monatlich 1 500 € von der OHG.

Die Vergütungen für die Geschäftsführertätigkeit und die Miete wurden in 2020 gezahlt und handelsrechtlich zutreffend als Aufwand gebucht.

AUFGABEN:

Ermitteln Sie in einer übersichtlichen Darstellung

1. den steuerrechtlichen Gewinn der OHG und
2. die Einkünfte der Gesellschafter Bunt und Specht unter Angabe der Einkunftsart.

## 4. Aufgabe (7,0 Punkte)

Mandant Leo Listig ist als Rechtsanwalt selbständig tätig. Den Unterlagen für 2020 entnehmen Sie die unten genannten Angaben.

AUFGABE:

Ordnen Sie die Ausgaben den abzugsfähigen Betriebsausgaben (BA), den nicht abzugsfähigen Betriebsausgaben (n. a. BA) und den Kosten privater Lebensführung (privat) zu:

| | Ausgaben | BA | n. a. BA | privat |
|---|---|---|---|---|
| a) | Geldbuße wegen Geschwindigkeitsübertretung (Geschäftsreise). | | | |
| b) | Mitgliedsbeitrag Tennisclub 66. Listig kann überhaupt nicht Tennis spielen. Er nutzt die Kontakte aus der Vereinsmitgliedschaft für die Gewinnung neuer Mandanten. | | | |
| c) | Anlässlich seines 50. Geburtstags bewirtet Listig seine Freunde und Geschäftspartner im Vereinshaus des Tennisclubs (Kostenanteil für die Bewirtung der Geschäftsfreunde: Geschätzt 450 €). | | | |

| | Ausgaben | BA | n. a. BA | privat |
|---|---|---|---|---|
| d) | Abschreibung des Restwerts eines zunächst privat erworbenen und nunmehr ausschließlich betrieblich genutzten Bücherschranks. | | | |
| e) | Während einer Gerichtsverhandlung (betrieblich) hat sich Listig die Hose seines ARMANI-Anzugs an der Anklagebank zerrissen (Restwert unstreitig 325 €). | | | |
| f) | Wegen verspäteter Abgabe der Steuererklärungen für 2018 musste Listig Verspätungszuschläge an das Finanzamt zahlen (zur Einkommensteuer: 120 €; zur Umsatzsteuer: 70 €). | | | |

## 5. Aufgabe (10,0 Punkte)

Ernst Emsig aus Eschborn hat im Jahr 2017 ein unbebautes Grundstück zu einem Kaufpreis i. H. von 175 000 € zzgl. 5 % Erwerbsnebenkosten erworben. In 2020 hat er auf diesem Grundstück ein Mietwohnhaus errichtet (Bauantrag vom 10. 4. 2018, Fertigstellung am 1. 10. 2020). Folgende Kosten sind Emsig diesbezüglich entstanden:

| | |
|---|---|
| **Notar** | |
| Beurkundung Kaufvertrag unbebautes Grundstück | 1 250 € |
| Grundschuldbestellung | 3 430 € |
| **Amtsgericht** | |
| Eintragung Eigentumswechsel unbebautes Grundstück | 350 € |
| Eintragung Grundschuld | 196 € |
| **Hypothek zur Finanzierung Grundstückserwerb/Gebäudeerrichtung** | |
| Zinsen 2020 | 9 800 € |
| Tilgung 2020 | 3 300 € |
| Makler (Finanzierung) | 2 450 € |
| Architekt | 19 250 € |
| Aushub der Baugrube | 6 000 € |
| Bauunternehmer (Rohbau) | 392 000 € |
| (davon in 2020 gezahlt: 372 400 €) | |
| Kosten Handwerker Gewerke | 61 000 € |
| Straßenanliegerbeiträge Eschborn | 10 500 € |
| Fahrten zur Baustelle | 140 € |

**Abwasserkanal**

| | |
|---|---|
| Anschluss des Grundstücks | 1 500 € |
| Hausanschluss | 1 100 € |
| Kosten für das Richtfest (Handwerker) | 310 € |
| Inserate Wohnungsangebote | 170 € |
| Büromaterial (Mietverträge, ...) | 100 € |

Soweit sich nichts anderes ergibt, wurden sämtliche Kosten in 2020 bezahlt. Mieteinnahmen sind Emsig im Jahr 2020 noch nicht zugeflossen.

AUFGABEN:

Ermitteln Sie bitte für Herrn Emsig

a) die höchstmögliche Abschreibung 2020 für das Mietwohnhaus in Eschborn und

b) die Höhe der Einkünfte aus Vermietung und Verpachtung für das Jahr 2020.

Berechnungswege und die gesetzlichen Vorschriften (für die Abschreibung und die Einkunftsart) sind anzugeben.

## 6. Aufgabe (9,0 Punkte)

Karl Kölsch (ledig) aus Köln (geb. 11. 11. 1955) hat in 2020 folgende Einnahmen erzielt:

- Bruttoarbeitslohn — 38 400 €

  Darin sind Versorgungsbezüge i. S. des § 19 EStG (Betriebsrente) i. H. von 33 200 € enthalten.

  Die Betriebsrente wird erstmals ab Februar 2020 gezahlt (Versorgungsbeginn).
- Einnahmen aus Kapitalvermögen — 3 100 €
- Einnahmen aus Vermietung und Verpachtung — 17 000 €
- Werbungskosten aus Vermietung und Verpachtung — 21 200 €

AUFGABE:

Ermitteln Sie in einer übersichtlichen Darstellung den Gesamtbetrag der Einkünfte für den Veranlagungszeitraum 2020. Kölsch wünscht die Einbeziehung der Einkünfte aus Kapitalvermögen im Rahmen der Berechnung (zwecks Günstigerprüfung durch das Finanzamt).

# Klausur 6: Lösungen

## I. Wirtschafts- und Sozialkunde (25,0 Punkte)

### 1. Aufgabe (6,0 Punkte)

a) Unfallversicherung/Berufsgenossenschaft. **1,0 P**

b) Kammern (IHK, HK, StBK etc.). **1,0 P**

c) Bundesagentur für Arbeit. **1,0 P**

d) Gewerkschaften/Arbeitgeberverbände (einzelne Arbeitgeber). **1,0 P**

e) Krankenkasse. **1,0 P**

f) Deutsche Rentenversicherung, Bund. **1,0 P**

### 2. Aufgabe (3,0 Punkte)

a) Der Kaufvertrag (Übergabe des Pkw) kann nicht erfüllt werden. Damit erlischt der Anspruch auf vertragsgemäße Leistung (§ 275 Abs. 1 BGB). Herr Everding kann kein anderes Fahrzeug verlangen. **1,0 P**

b) Herr Everding kann seine Anzahlung zurückverlangen. **1,0 P**

c) Herr Everding kann keinen Schadensersatz verlangen, weil beim Verkäufer kein Verschulden vorliegt (§ 283 und § 281 Abs. 1 BGB). **1,0 P**

### 3. Aufgabe (4,0 Punkte)

a) Der Mandant ist Kaufmann i. S. des § 1 HGB. **1,0 P**

Er betreibt ein Handelsgewerbe, weil er eine gewerbliche Tätigkeit ausübt, die nach Art und Umfang einen in kaufmännischer Weise eingerichteten Geschäftsbetrieb erfordert. **1,0 P**

b) **Rechte eines Kaufmanns:**

Führung einer Firma.

Ernennung von Prokuristen.

Erklärung eines vom Kalenderjahr abweichenden Wirtschaftsjahres. **1,0 P**

**Pflichten eines Kaufmanns:**

Eintragung der Firma ins Handelsregister.

Eintragung erteilter Prokura ins Handelsregister.

Führung von Handelsbüchern. **1,0 P**

## 4. Aufgabe (4,0 Punkte)

a) Der Mandant braucht nur die Zeitungen und Zeitschriften zu bezahlen, die er verkaufen konnte. **1,0 P**

Er kann die unverkauften Exemplare zurückgeben (kein Verkaufsrisiko). **1,0 P**

b) Vertragspartner sind der Mandant und seine Kunden. **1,0 P**

Der Kommissionär handelt in eigenem Namen auf Rechnung des Kommittenten. **1,0 P**

## 5. Aufgabe (8,0 Punkte)

a) Der minderjährige Florian Kleinschmidt hat von seinen Eltern die Zustimmung zur Ausübung einer gewerblichen Tätigkeit erhalten. Er wird dadurch für alle mit dem Betrieb zusammenhängenden Rechtsgeschäfte *unbeschränkt geschäftsfähig* (§ 112 Abs. 1 BGB). **1,0 P**

Der Kaufvertrag zum Erwerb des Computers ist damit auch ohne die Zustimmung der Eltern rechtsgültig erfolgt. **1,0 P**

b) Die Anschaffung der Stereoanlage erfolgt nicht für den Betrieb von Florian.

Er ist insoweit *beschränkt geschäftsfähig*. **1,0 P**

Der Kaufvertrag ist zunächst *schwebend unwirksam* und wird durch die fehlende Einwilligung der Eltern *unwirksam*. **1,0 P**

c) Die Abgabe der Umsatzsteuer- und Gewerbesteuererklärung ist richtig erfolgt, da sie mit der betrieblichen Tätigkeit zusammenhängt. **1,0 P**

Die Abgabe der Einkommensteuererklärung kann nur mit Unterschrift des gesetzlichen Vertreters (der Eltern) wirksam erfolgen (§ 107 BGB). **1,0 P**

d) Das Verbot der Eltern, den Betrieb fortzuführen, ist unwirksam. **1,0 P**

Die Ermächtigung zum selbständigen Betrieb eines Erwerbsgeschäfts kann von den Eltern nur mit Zustimmung des Vormundschaftsgerichts zurückgenommen werden (§ 112 Abs. 2 BGB). **1,0 P**

# II. Rechnungswesen (36,0 Punkte)

**Vorbemerkung zu den Kontenbezeichnungen in den Lösungen:**
Die §§ 266, 275 HGB regeln, welche Posten in der Bilanz und in der GuV auszuweisen sind. Das HGB schreibt aber kein bestimmtes Buchführungssystem vor und damit auch nicht die Bezeichnung der Konten. Gleichwohl müssen die Geschäftsvorfälle so gebucht werden, dass ein Überblick über die Vermögens- und Ertragslage gewährleistet ist. Aus steuerlichen Gründen (z. B. Umsatzsteuer, einkommensteuerliches Teileinkünfteverfahren) bietet es sich an, bereits bei der Buchung der laufenden Geschäftsvorfälle die steuerlichen Konsequenzen im Blick zu haben und entsprechend differenziert zu buchen. In der Praxis ist vor diesem Hintergrund der „DATEV-E-Bilanz-Standardkontenrahmen (SKR) 03“ sehr stark verbreitet. Die Kontenbezeichnungen in den Lösungen entsprechen weitgehend dem SKR 03. In den Lösungen zu den Klausuren werden jedoch regel-

mäßig auch andere zutreffende Kontenbezeichnungen zugelassen, wenn sich aus der Aufgabenstellung nichts anderes ergibt.

ERGÄNZENDER HINWEIS:

Der Umsatzsteuerregelsatz beträgt für Leistungen von Juli 2020 bis Dezember 2020 16 % (statt 19 %); der ermäßigte Steuersatz beträgt in diesem Zeitraum 5 % (statt 7 %).

## 1. Aufgabe (4,0 Punkte)

| | Geschäftsvorfälle | Gewinn | Bilanzsumme |
|---|---|---|---|
| a) | Warenverkauf auf Ziel. Der Nettowarenwert beträgt 250 € zzgl. 47,50 € Umsatzsteuer. | + 250 €<br>**0,5 P** | + 297,50 €<br>**0,5 P** |
| b) | Darlehensaufnahme für den Umbau des Ladengeschäfts Anfang April 2020 i. H. von 100 000 €. Das Darlehen wird zu 95 % ausgezahlt. | 0 € | + 100 000 €<br>**1,0 P** |
| c) | Das Disagio aus der Darlehensaufnahme wird anteilig mit 1 250 € als Zinsaufwand berücksichtigt. | ./. 1 250 €<br>**0,5 P** | ./. 1 250 €<br>**0,5 P** |
| d) | Die Sparkasse belastet das Bankkonto zum 30. 6. 2020 mit 7 000 €, wovon 2 000 € auf Zinsen entfallen. Das Bankkonto weist einen Schuldsaldo aus. | ./. 2 000 €<br>**0,5 P** | 0 €<br>**0,5 P** |

## 2. Aufgabe (8,0 Punkte)

a) **Ermittlung des Wareneinsatzes:**

| | | | |
|---|---|---|---|
| Warenbestand 1. 1. 2020 | | 165 668 € | |
| + Wareneingang | 873 708 € | | **0,5 P** |
| + Warenbezugskosten | 13 224 € | | **0,5 P** |
| ./. erhaltene Skonti | 5 708 € | 881 224 € | **0,5 P** |
| = | | 1 046 892 € | |
| ./. Warenbestand 31. 12. 2020 | | 156 816 € | **0,5 P** |
| = Wareneinsatz | | 890 076 € | **0,5 P** |

b) **Ermittlung des Rohgewinns:**

| | | | |
|---|---|---|---|
| Umsatzerlöse | 1 489 892 € | | |
| ./. Rückgaben von Kunden | 6 432 € | 1 483 460 € | |
| ./. Wareneinsatz | | 890 076 € | |
| = Rohgewinn | | 593 384 € | **1,5 P** |

c) **Ermittlung des Kalkulationszuschlags:**

$$\frac{\text{Rohgewinn x 100}}{\text{Wareneinsatz}} = \frac{593\,384 \text{ x } 100}{890\,076} = 66\,{}^{2}/_{3}\,\% \qquad \textbf{2,0 P}$$

d) **Ermittlung der Handelsspanne:**

$$\frac{\text{Rohgewinn x 100}}{\text{Umsatzerlöse}} = \frac{593\,384 \text{ x } 100}{1\,483\,460} = 40\,\% \qquad \textbf{2,0 P}$$

## 3. Aufgabe (4,0 Punkte)

**Buchung:**

| | | | | |
|---|---|---|---|---|
| BGA | 3 650,00 € | | | |
| EDV-Software | 920,00 € | | | |
| Büroaufwand | 145,00 € | | | |
| Vorsteuer | 895,85 € | an | Bank | 5 610,85 € |
| | | | | **4,0 P** |

ERGÄNZENDE HINWEISE:

1. Der Laserdrucker ist kein selbständig nutzbares Wirtschaftsgut (vgl. BFH-Urteil vom 19. 2. 2004, VI R 135/01, BStBl 2004 II S. 958). Er ist daher als BGA zu erfassen, nicht jedoch als GWG/Sammelposten.
2. Computerprogramme sind immaterielle Wirtschaftsgüter und als solche grundsätzlich nicht beweglich/selbständig nutzbar. Das Spezialprogramm erfüllt daher ebenfalls nicht die Voraussetzungen für ein GWG/Sammelposten. Vgl. auch BFH-Urteil vom 18. 5. 2011, X R 26/09, BStBl 2011 II S. 865.
3. Ausnahme zu 2.: Trivialprogramme sind dagegen nach Auffassung der Finanzverwaltung (R 5.5 Abs. 1 EStR) abnutzbare, bewegliche und selbständig nutzbare Wirtschaftsgüter. Computerprogramme, deren Anschaffungskosten nicht mehr als 800 € betragen, sind nach der o. a. Auffassung der Finanzverwaltung wie Trivialprogramme zu behandeln (Der BFH hat zwar ausdrücklich offen gelassen, ob er sich dieser Auffassung anschließt – vgl. BFH-Urteil vom 18. 5. 2011, a. a. O. –, die Auffassung der Finanzverwaltung führt jedoch zu einer für den Mandanten günstigen Lösung – GWG – und ist damit in der Klausur anzuwenden). Bei der Software Windows 10 liegen somit die Voraussetzungen i. S. des § 6 Abs. 2 EStG (GWG) vor. Da der Sofortabzug als GWG in 2020 gem. § 6 Abs. 2 EStG steuerlich günstiger ist als die Abschreibung über die Nutzungsdauer oder die degressive AfA und keine Aufzeichnungspflichten bestehen (§ 6 Abs. 2 Satz 4 EStG), erfolgt hier die Buchung auf das Konto „Büroaufwand".
4. Ab dem 1. 1. 2018 sind die Werte in § 6 Abs. 2 und 2a EStG angehoben worden (von 410 € auf 800 € und von 150 € auf 250 €). Das gilt auch für die Regelungen für Trivialprogramme. Die EStR sollten entsprechend angepasst werden.
5. Hard- und Software, die ab 2021 angeschafft wird, kann im Wirtschaftsjahr der Anschaffung in voller Höhe als Betriebsausgabe abgezogen werden. Das gilt unabhängig von der Höhe der Anschaffungskosten. Dies ergibt sich aus dem BMF-Schreiben vom 26. 2. 2021 - IV C 3 - S 2190/21/10002 :013, NWB GAAAH-72616), mit dem die Finanzverwaltung regelt, dass für Computerhard- und -software von einer betriebsgewöhnlichen Nutzungsdauer i. H. von einem Jahr ausgegangen werden kann.

## 4. Aufgabe (6,0 Punkte)

**Anteilige Lieferung Ladengeschäft ($^{10}/_{40}$):**

**Buchung:**

| | | | | |
|---|---|---|---|---|
| Heizung (Betrieb) | 2 965,00 € | | | |
| Vorsteuer | 563,35 € | an | Bank | 3 528,35 € |
| | | | | **2,0 P** |

**Anteilige Lieferung betriebliches Mietwohngrundstück ($^{25}/_{40}$):**

**Buchung:**

| | | | | |
|---|---|---|---|---|
| Sonstige betriebliche Aufwendungen | 8 820,88 € | an | Bank | 8 820,88 € |
| | | | | **2,0 P** |

ERGÄNZENDER HINWEIS:

Aufwendungen für das betriebliche Mietwohngrundstück sind Betriebsausgaben. Ein Vorsteuerabzug ist nicht möglich, weil steuerfreie Umsätze i. S. des § 4 Nr. 12 Buchst. a UStG ausgeführt werden (§ 15 Abs. 2 Satz 1 Nr. 1 und Abs. 4 UStG).

**Anteilige Lieferung privates Einfamilienhaus ($^{5}/_{40}$):**

**Buchung:**

| | | | | |
|---|---|---|---|---|
| Privatentnahme | 1 764,17 € | an | Bank | 1 764,17 € |
| | | | | **2,0 P** |

## 5. Aufgabe (7,0 Punkte)

a) **Ermittlung der Anschaffungskosten:**

| | | | |
|---|---|---|---|
| | Listenpreis Pkw (Benziner) | 29 600 € | |
| + | Sonderausstattung | 400 € | **0,5 P** |
| = | | 30 000 € | |
| ./. | Rabatt 5 % | 1 500 € | **0,5 P** |
| = | Netto-Kaufpreis | 28 500 € | |
| + | Auslagen für die Zulassung laut Beleg | 40 € | **1,0 P** |
| + | Auslagen für die Nummernschilder laut anliegender Rechnung (netto) | 20 € | **1,0 P** |
| = | Anschaffungskosten | 28 560 € | |

b) **Buchung des Anschaffungsvorgangs:**

| | | | | |
|---|---|---|---|---|
| Pkw | 28 560,00 € | | | |
| Vorsteuer | 5 432,10 € | | | |
| Fahrzeugkosten | 70,00 € | an | Sonstige Verbindl. | 34 062,10 € |
| | | | | **2,0 P** |

c) **AfA:**

| | | |
|---|---|---|
| Lineare AfA 25 % von 28 560 € = | 7 140 € | **1,0 P** |
| Für zehn Monate = | 5 950 € | **1,0 P** |

ERGÄNZENDER HINWEIS:

Die degressive AfA (§ 7 Abs. 2 EStG) würde im Jahr 2020 zum selben Ergebnis führen. Diese Lösung wäre daher ebenfalls korrekt. Da die lineare AfA ab 2021 aber zunächst günstiger ist als die degressive AfA, wurde hier die lineare AfA gewählt.

## 6. Aufgabe (7,0 Punkte)

a)

| | | | |
|---|---|---|---|
| | Gehalt März 2020 | 3 230,50 € | |
| + | Arbeitgeberanteil VL | 40,00 € | |
| + | geldwerter Vorteil | 357,00 € | |
| = | **Bruttolohn** | **3 627,50 €** | **1,0 P** |
| ./. | Lohnsteuer | 295,16 € | |
| ./. | Solidaritätszuschlag | 0,00 € | |
| ./. | Rentenversicherung | 337,35 € | |
| ./. | Arbeitslosenversicherung | 43,53 € | |
| ./. | Pflegeversicherung | 55,31 € | |
| ./. | Krankenversicherung | 284,75 € | |
| = | **Nettolohn** | **2 611,40 €** | **1,0 P** |
| ./. | VL | 40,00 € | |
| ./. | geldwerter Vorteil | 357,00 € | |
| = | **Auszahlungsbetrag** | **2 214,40 €** | **1,0 P** |

b) **Buchungen:**

| | | | | |
|---|---|---|---|---|
| Gehälter | 3 587,50 € | | | |
| Arbeitgeberanteil VL | 40,00 € | an | Verbindl. LSt/KiSt/SolZ | 295,16 € |
| | | an | Verbindl. soziale Sicherheit | 720,94 € |
| | | an | Verbindl. VL | 40,00 € |
| | | an | Verbindl. Lohn/Gehalt | 2 214,40 € |
| | | an | Verr. Sachbezüge | 300,00 € |
| | | an | Umsatzsteuer | 57,00 € |
| | | | | **3,0 P** |

und

| | | | |
|---|---|---|---|
| Gesetzlicher sozialer Aufwand | 812,74 € | an Verbindl. soziale Sicherheit | 812,74 € |

**1,0 P**

## III. Steuerwesen (39,0 Punkte)

### 1. Aufgabe (2,0 Punkte)

a) Hauptzweck der Steuererhebung ist die Erzielung von Einnahmen, § 3 Abs. 1 AO. **1,0 P**

b) Nebenzweck ist u. a. die Konsumlenkung, z. B. Tabaksteuer (Gesundheitsförderung), Mineralölsteuer bzw. Stromsteuer (Umweltschutz), ... **1,0 P**

### 2. Aufgabe (5,0 Punkte)

**Berechnung der Einspruchsfrist:**

| | | |
|---|---|---|
| Bescheid zur Post am: | 4. 5. 2021 | |
| Bekanntgabe (+ 3 Tage): | 7. 5. 2021 (Freitag) | **0,5 P** |
| Beginn der Einspruchsfrist: | 8. 5. 2021, 0:00 Uhr<br>(bzw. mit Ablauf des 7. 5. 2021) | |
| Ende der Einspruchsfrist: | 7. 6. 2021, 24:00 Uhr | **1,0 P** |

Wiedereinsetzung in den vorigen Stand ist möglich, denn

- die gesetzliche Frist (Einspruchsfrist)
- wurde ohne Verschulden versäumt (Krankenhausaufenthalt nach Verkehrsunfall).

Antrag auf Wiedereinsetzung/Nachholung der versäumten Handlung (Einlegung des Einspruchs) binnen einer Monatsfrist (ab Wegfall des Hindernisses = Entlassung aus dem Krankenhaus).

**Berechnung der Wiedereinsetzungsfrist:**

| | | |
|---|---|---|
| Wegfall des Hindernisses: | 10. 6. 2021 | **0,5 P** |
| Beginn der Wiedereinsetzungsfrist: | 11. 6. 2021, 0:00 Uhr<br>(bzw. mit Ablauf des 10. 6. 2021) | **0,5 P** |
| Ende der Wiedereinsetzungsfrist: | 10. 7. 2021, 24:00 Uhr<br>= Samstag | **0,5 P** |
| | Fristende verschiebt sich auf<br>Montag, 12. 7. 2021, 24:00 Uhr | **0,5 P** |

Für den Mandanten Appelbeck kann am 12. 7. 2021 noch Wiedereinsetzung in den vorigen Stand gem. § 110 AO beantragt werden. Damit kann am 12. 7. 2021 auch noch fristgerecht Einspruch eingelegt werden. **1,5 P**

## 3. Aufgabe (6,0 Punkte)

1. **Ermittlung des steuerrechtlichen Gewinns der Tisch und Tennis OHG:**

| | | |
|---|---|---|
| Handelsrechtlicher Gewinn 2020 | 23 400 € | |
| + Vergütung für Geschäftsführertätigkeit (2 000 € x 12 Monate x 2 Gesellschafter =) | 48 000 € | 1,0 P |
| + Miete für die Lagerhalle (1 500 € x 12 Monate =) | 18 000 € | 0,5 P |
| = Steuerrechtlicher Gewinn der OHG für 2020 | 89 400 € | |

2. **Einkünfte der Gesellschafter:**

| | Bunt | Specht | Gesamt | |
|---|---|---|---|---|
| Geschäftsführervergütung | 24 000 € | 24 000 € | 48 000 € | 1,0 P |
| Miete Lagerhalle | 18 000 € | | 18 000 € | 0,5 P |
| Restgewinn (je ½-Anteil) | 11 700 € | 11 700 € | 23 400 € | 1,5 P |
| Zu versteuernder Gewinnanteil | 53 700 € | 35 700 € | 89 400 € | 0,5 P |

Die Gesellschafter Bunt und Specht erzielen aus ihrer Beteiligung an der OHG (einschließlich Geschäftsführervergütung und Mieteinkünfte) Einkünfte aus Gewerbebetrieb i. S. des § 15 Abs. 1 Satz 1 Nr. 2 EStG. **1,0 P**

## 4. Aufgabe (7,0 Punkte)

| | Ausgaben | BA | n. a. BA | privat |
|---|---|---|---|---|
| a) | Geldbuße wegen Geschwindigkeitsübertretung (Geschäftsreise). | | X | |
| b) | Mitgliedsbeitrag Tennisclub 66. Listig kann überhaupt nicht Tennis spielen. Er nutzt die Kontakte aus der Vereinsmitgliedschaft für die Gewinnung neuer Mandanten. | | | X |
| c) | Anlässlich seines 50. Geburtstags bewirtet Listig seine Freunde und Geschäftspartner im Vereinshaus des Tennisclubs (Kostenanteil für die Bewirtung der Geschäftsfreunde: Geschätzt 450 €). | | | X |
| d) | Abschreibung des Restwerts eines zunächst privat erworbenen und nunmehr ausschließlich betrieblich genutzten Bücherschranks. | X | | |
| e) | Während einer Gerichtsverhandlung (betrieblich) hat sich Listig die Hose seines ARMANI-Anzugs an der Anklagebank zerrissen (Restwert unstreitig 325 €). | X | | |
| f) | Wegen verspäteter Abgabe der Steuererklärungen für 2018 musste Listig Verspätungszuschläge an das Finanzamt zahlen (zur Einkommensteuer: 120 €; zur Umsatzsteuer: 70 €). | X VZ zur USt | | X VZ zur ESt |

**je Kreuz 1,0 P**

## 5. Aufgabe (10,0 Punkte)

a) **Ermittlung der höchstmöglichen Abschreibung 2020 für Ernst Emsig:**

**Ermittlung der Herstellungskosten des Gebäudes:**

| | | |
|---|---|---|
| Architekt | 19 250 € | **0,5 P** |
| Aushub der Baugrube | 6 000 € | **0,5 P** |
| Bauunternehmer (Rohbau) | 392 000 € | |
| Kosten Handwerker Gewerke | 61 000 € | |
| Abwasserkanal (Hausanschluss) | 1 100 € | **0,5 P** |
| Fahrten zur Baustelle | 140 € | **0,5 P** |
| Kosten für das Richtfest (Handwerker) | 310 € | **0,5 P** |
| Herstellungskosten insgesamt | 479 800 € | |

Kein Ansatz:

- Notar (Kaufvertrag), **0,5 P**
- Amtsgericht (Eigentumserwerb), **0,5 P**
- Straßenanliegerbeiträge, **0,5 P**
- Abwasserkanal (Anschluss des Grundstücks). **0,5 P**

Abschreibung für das Jahr 2020, § 7 Abs. 4 Satz 1 Nr. 2 Buchst. a EStG:

| | | |
|---|---|---|
| 479 800 € x 2 % x $^{3}/_{12}$ = | 2 399 € | **1,0 P** |

ERGÄNZENDE HINWEISE:

Zu den Herstellungskosten eines Gebäudes gehören neben den eigentlichen Baukosten z. B. auch die Hausanschlusskosten sowie Kosten, die im Zusammenhang mit der Bauplanung und -genehmigung entstehen. Nicht zu den Herstellungskosten des Gebäudes, sondern zu den Anschaffungskosten des Grund und Bodens, gehören kommunale Beitragsleistungen, die bezogen auf das Grundstück erhoben werden (Straßenanliegerbeiträge).

Die Abschreibung beginnt mit der Herstellung = Fertigstellung des Gebäudes (1. 10. 2020). Das gilt auch, wenn Teile der Herstellungskosten noch nicht bezahlt sind (hier: Teil der Rohbaukosten).

---

b) **Ermittlung der Einkünfte aus Vermietung und Verpachtung 2020:**

| | | |
|---|---|---|
| § 21 Abs. 1 Satz 1 Nr. 1 EStG | | **0,5 P** |
| **Einnahmen** | | |
| Mieteinnahmen | 0 € | |
| **Werbungskosten** | | |
| Schuldzinsen | 9 800 € | **0,5 P** |

| | | |
|---|---|---|
| **Geldbeschaffungskosten** | | |
| ► Notar (Grundschuldbestellung) | 3 430 € | **0,5 P** |
| ► Amtsgericht (Grundschuld) | 196 € | **0,5 P** |
| ► Makler (Finanzierung) | 2 450 € | **0,5 P** |
| Inserate Wohnungsangebote | 170 € | **0,5 P** |
| Büromaterial (Mietverträge, ...) | 100 € | **0,5 P** |
| Abschreibung | 2 399 € | **0,5 P** |
| Werbungskosten insgesamt | ./. 18 545 € | **0,5 P** |
| Einkünfte aus Vermietung und Verpachtung | ./. 18 545 € | |

## 6. Aufgabe (9,0 Punkte)

| | | | |
|---|---|---|---|
| Einnahmen aus nichtselbständiger Arbeit | 38 400 € | | |
| davon aus aktiver Beschäftigung | 5 200 € | | **0,5 P** |
| ./. Arbeitnehmer-Pauschbetrag | ./. 1 000 € | | **0,5 P** |
| = verbleiben | | 4 200 € | |
| Versorgungsbezüge | 33 200 € | | |
| ./. Versorgungsfreibetrag: | | | |
| $33\,200\,€ \times {}^{12}/_{11} \times 16{,}0\,\% \times {}^{11}/_{12} = 5\,312\,€$, | | | |
| höchstens $1\,200\,€ \times {}^{11}/_{12} =$ | ./. 1 100 € | | **1,5 P** |
| ./. Zuschlag zum Versorgungsfreibetrag: | | | |
| $360\,€ \times {}^{11}/_{12} =$ | ./. 330 € | | **1,0 P** |
| ./. Werbungskosten-Pauschbetrag | ./. 102 € | | **0,5 P** |
| = verbleiben | | 31 668 € | |
| = Einkünfte aus nichtselbständiger Arbeit | | 35 868 € | **0,5 P** |
| Einnahmen aus Kapitalvermögen | 3 100 € | | |
| ./. Sparer-Pauschbetrag | ./. 801 € | | **0,5 P** |
| = Einkünfte aus Kapitalvermögen | | 2 299 € | **1,0 P** |
| Einnahmen aus Vermietung und Verpachtung | 17 000 € | | |
| ./. Werbungskosten | ./. 21 200 € | | **0,5 P** |
| = Einkünfte aus Vermietung und Verpachtung | | ./. 4 200 € | **0,5 P** |
| = Summe der Einkünfte | | 33 967 € | **0,5 P** |

| | | | |
|---|---|---|---|
| Altersentlastungsbetrag, § 24a EStG | | | |
| Arbeitslohn ohne Versorgungsbezüge | | | |
| (38 400 € ./. 33 200 € =) | 5 200 € | | |
| Positive Summe übrige Einkünfte | | | |
| (2 299 € ./. 4 200 € =) | 0 € | | |
| Altersentlastungsbetrag (5 200 € x 16,0 %, max.) | | ./. 760 € | **1,0 P** |
| = Gesamtbetrag der Einkünfte | | 33 207 € | **0,5 P** |

ERGÄNZENDE HINWEISE:

Die Einkünfte aus Kapitalvermögen unterliegen der Abgeltungsteuer i. H. von 25 % und müssen demnach in die Berechnung des zu versteuernden Einkommens nicht einbezogen werden (§ 43 Abs. 5 EStG).

Der Mandant kann jedoch die Einbeziehung der Kapitalerträge in seine Veranlagung beantragen (§ 32d Abs. 4 EStG). In diesem Fall sind auch Dividenden zu 100 % anzusetzen. Der Sparer-Pauschbetrag beträgt 801 €/ 1 602 € (Alleinstehende/Ehegatten). Ein Abzug tatsächlich entstandener Werbungskosten ist nicht möglich.

Dennoch sind die Kapitalerträge oftmals im Rahmen der Steuererklärung zumindest zu erklären, da vielfach keine Berücksichtigung im Rahmen der Kirchensteuer erfolgte. Darüber hinaus ist die Angabe zum Zwecke der Günstigerprüfung (auch im Zusammenhang mit der Berechnung des Altersentlastungsbetrags) möglich.

# Klausur 7: Aufgaben

## I. Wirtschafts- und Sozialkunde (25,0 Punkte)

### 1. Aufgabe (5,5 Punkte)

AUFGABE:

Steuerberater Schürmann beschäftigt seit dem 1. 8. 2020 Maria Borgmann als Auszubildende. Maria ist 17 Jahre alt und unterliegt deshalb dem JArbSchG. Beurteilen Sie, ob die folgenden Regelungen nach diesem Gesetz zulässig sind. Begründen Sie Ihre Auffassung:

a) Die wöchentliche Arbeitszeit beträgt 40 Stunden. Um bereits freitags um 12:00 Uhr die Praxis schließen zu können, ist die Arbeitszeit von Montag bis Donnerstag auf jeweils neun Stunden festgesetzt worden.

b) Gelegentlich wird von Maria verlangt, dass sie auch einmal elf Stunden arbeiten soll, wenn wegen Erkrankung von Kolleginnen oder Kollegen Umsatzsteuer-Voranmeldungen sonst nicht rechtzeitig erstellt und abgegeben werden können. Ein entsprechender Freizeitausgleich wird dann nach dem 15. des betreffenden Monats gewährt.

c) Maria geht donnerstags zur Berufsschule und hat an diesem Tag von 8:00 Uhr an sieben Unterrichtsstunden. Jede Unterrichtsstunde dauert 45 Minuten. Im Anschluss an den Berufsschulunterricht soll sie noch zwei Stunden in der Praxis tätig sein.

---

### 2. Aufgabe (6,0 Punkte)

Die Firma Overschmidt OHG hat am 15. 1. 2021 bei der Druckerei Claassen KG 10 000 Blatt Rechnungsformulare mit dem Briefkopf der Firma und dem Firmen-Logo bestellt. Der Auftragseingang wurde schriftlich bestätigt und die Lieferung zum 12. 2. 2021 verbindlich zugesagt.

Wie sich erst am 13. 2. 2021 herausstellte, wurde der Auftrag durch ein Versehen bei der Druckerei falsch abgeheftet und nicht weiter bearbeitet.

AUFGABEN:

a) Prüfen Sie, ob die Druckerei mit der Lieferung in Verzug geraten ist.

b) Nennen Sie die Rechte, die die Firma Overschmidt grds. gegenüber der Druckerei geltend machen kann.

---

### 3. Aufgabe (4,0 Punkte)

Irene Stadtmann ist Friseurmeisterin und beantragt bei der Sparkasse Bochum einen Kredit über 120 000 €, um die neue Geschäftseinrichtung ihres Friseursalons finanzieren zu können. Ihr Lebenspartner, der Finanzbeamte Werner Greulich, hat sich bereit erklärt, für diesen Darlehensbetrag zu bürgen.

AUFGABEN:

a) Wem gegenüber und in welcher Form ist die Bürgschaftserklärung abzugeben?

b) Unter welchen Voraussetzungen ist im Falle einer gewöhnlichen Bürgschaft und im Falle einer selbstschuldnerischen Bürgschaft eine Inanspruchnahme des Bürgen möglich?

## 4. Aufgabe (4,0 Punkte)

Der Mandant Volker Leineweber betreibt als Installateurmeister in Wesel einen Fachbetrieb für Heizungs-, Gas- und Wasserinstallation. Er hat bei seiner Bank eine Erweiterung des bereits bestehenden Kreditrahmens beantragt. Der Kredit soll durch die bei der Firma Leineweber bestehenden Forderungen abgesichert werden. Die Kunden der Firma Leineweber sollen über die Absicherung nicht informiert werden.

AUFGABEN:

a) Wie nennt man diese Form der Abtretung?

b) Nennen Sie drei Risiken bei dieser Form der Kreditsicherung.

## 5. Aufgabe (5,5 Punkte)

In der Praxis Ihres Arbeitgebers werden u. a. folgende Mandanten betreut:

a) Zahnarzt Dr. Kröger (Umsatz: 230 000 €, Gewinn: 109 000 €). Er ist nicht im Handelsregister eingetragen.

b) Schreibwaren-Einzelhandel (Umsatz: 125 000 €, Gewinn: 13 000 €), im Handelsregister eingetragen.

c) Handelsvertreter (Umsatz: 222 000 €, Gewinn: 32 000 €), nicht im Handelsregister eingetragen.

d) Steuerberatungsgesellschaft in der Rechtsform einer GmbH (Umsatz: 320 000 €, Gewinn: 12 000 €) mit Eintrag im Handelsregister.

AUFGABE:

Stellen Sie fest, welche dieser Mandanten, die alle keinen in kaufmännischer Weise eingerichteten Geschäftsbetrieb unterhalten, Kaufmann i. S. des HGB sind. Begründen Sie Ihre Entscheidung.

# II. Rechnungswesen (37,0 Punkte)

Dachdeckermeister Heinz Peitzmeier führt seit Jahren seinen Handwerksbetrieb in Osnabrück. Der Betrieb ist im Handelsregister eingetragen. Der Mandant ermittelt seinen Gewinn durch Betriebsvermögensvergleich (§ 5 und § 4 Abs. 1 EStG). Das Wirtschaftsjahr stimmt mit dem Kalenderjahr überein. Die Umsätze werden nach den allgemeinen Vorschriften des UStG versteuert. Voranmeldungszeitraum ist der Kalendermonat.

## 1. Aufgabe (12,0 Punkte)

Für das Wirtschaftsjahr 2020 ergeben sich aus der Buchführung, der Inventur und dem Anlageverzeichnis der Firma Peitzmeier zum 31. 12. 2020 folgende Beträge:

| | |
|---|---|
| Warenbestand 31. 12. 2020 | 12 423 € |
| Wareneingang | 145 456 € |
| Warenbestand 1. 1. 2020 | 5 708 € |
| Fuhrpark | 47 516 € |
| Kasse | 478 € |
| Betriebs- und Geschäftsausstattung | 22 246 € |
| Bankguthaben | 3 122 € |
| Forderungen aus LuL | 134 278 € |
| Verbindl. aus LuL | 109 416 € |
| Umsatzsteuerschuld | 3 222 € |
| Erlöse | 458 887 € |
| Löhne und Gehälter | 84 321 € |
| Fahrzeugkosten | 19 412 € |
| Mietaufwendungen | 9 000 € |
| Absetzungen für Abnutzung | 4 850 € |
| Sonstige Betriebsausgaben | 13 557 € |
| Entnahmen | 112 293 € |
| Einlagen | 2 200 € |

AUFGABEN:

a) Erstellen Sie aus den vorstehenden Beträgen die Bilanz zum 31. 12. 2020 und die GuV für das Wirtschaftsjahr.

b) Stellen Sie die Kapitalentwicklung vom 1. 1. 2020 bis zum 31. 12. 2020 dar. Das Kapital zum 1. 1. 2020 betrug 28 512 €.

## 2. Aufgabe (9,0 Punkte)

AUFGABE:

Bilden Sie die Buchungssätze zu den folgenden Geschäftsvorfällen:

a) Ein Schuldwechsel für die Rechnung ER 0815/20 i. H. von 22 412 € wird akzeptiert.

b) Die Liefererrechnung ER 0813/20 über 5 600 € zzgl. 19 % Umsatzsteuer wird unter Abzug von 2 % Skonto durch Banküberweisung von Peitzmeier beglichen (Nettobuchung).

c) Ein Kunde überweist zum Ausgleich der Warenrechnung AR 1222/20 nach Abzug von 3 % Skonto 4 848,06 € auf das betriebliche Bankkonto. Die Lieferung unterliegt dem Steuersatz i. H. von 19 %.

d) Die Bank löst einen Schuldwechsel ein. Die Wechselsumme beträgt 12 000 €. Es sind Bearbeitungsgebühren i. H. von 132 € angefallen.

e) Ein Kundenwechsel über 7 500 € wird von der Bank diskontiert. Es werden 178,50 € Diskont und 22 € Bearbeitungskosten berechnet. Dem Kunden wurde die Entgeltsminderung ordnungsgemäß mitgeteilt.

## 3. Aufgabe (4,0 Punkte)

AUFGABE:

Stellen Sie fest, welche Auswirkungen die Buchungen der folgenden Geschäftsvorfälle auf den Gewinn 2020 der Firma Peitzmeier haben. Geben Sie die Auswirkungen mit dem zutreffenden Vorzeichen (+ / ./.) in €-Beträgen an.

| Geschäftsvorfälle | | Gewinn |
|---|---|---|
| a) | Die Bruttobuchung der Löhne für den Monat Mai 2020 erfolgt i. H. von 21 000 €. Es werden 13 250 € ausgezahlt. Der Arbeitgeberanteil zur Sozialversicherung beträgt 4 463 €. | |
| b) | Eine Entnahme von Baustoffen im März 2020 muss noch gebucht werden. Der Einkaufspreis (= Teilwert) betrug 800 € netto, der Verkaufspreis hätte 1 044 € einschließlich Umsatzsteuer betragen. | |
| c) | Der Schornsteinfeger bestätigt die Barzahlung der Kehrgebühren im April 2020 für das Betriebsgrundstück i. H. von 26,66 € mit einer ordnungsgemäßen Quittung. | |
| d) | Ein Kunde überweist 15 470 € zum Ausgleich einer bereits gebuchten Ausgangsrechnung über 13 000 € zzgl. 19 % Umsatzsteuer auf das betriebliche Bankkonto. | |

## 4. Aufgabe (4,0 Punkte)

Mandant Peitzmeier hat Ende Mai 2020 einen zum Betriebsvermögen gehörenden Pkw seinem 19-jährigen Sohn zum bestandenen Abitur geschenkt. Das Fahrzeug hatte zum 31. 12. 2019 einen Restbuchwert i. H. von 5 400 €. Es wurde bisher linear mit 20 % der ursprünglichen Anschaffungskosten i. H. von 18 000 € abgeschrieben.

Gleichwertige Fahrzeuge waren Ende Mai 2020 für 8 400 € zzgl. 19 % Umsatzsteuer bei Autohändlern zu kaufen. Das Autohaus Weber hatte Herrn Peitzmeier für das Fahrzeug nur 7 000 € zzgl. 19 % Umsatzsteuer geboten, wenn er ihn beim Kauf eines Neuwagens in Zahlung gegeben hätte.

AUFGABE:

Nehmen Sie alle erforderlichen Buchungen vor.

## 5. Aufgabe (8,0 Punkte)

Die Firma Peitzmeier erwarb Anfang Februar 2020 von der Firma Jungheinrich Vertriebs-GmbH einen elektrischen Gabelstapler und eine Spezial-Sackkarre. Die Rechnung weist folgende Beträge aus:

| | |
|---|---|
| 1 Gabelstapler „Herkules 3000" | 32 440,00 € |
| + 1 Block Wechsel-Akkus | 1 660,00 € |
| + 1 Sackkarre | 410,00 € |
| = Nettowert | 34 510,00 € |
| + 19 % Umsatzsteuer | 6 556,90 € |
| = Rechnungsbetrag | 41 066,90 € |

Diese Rechnung wurde vereinbarungsgemäß unter Inanspruchnahme von 3 % Skonto per Banküberweisung beglichen.

AUFGABEN:

a) Ermitteln Sie in einer übersichtlichen Darstellung die Anschaffungskosten der aktivierungspflichtigen Wirtschaftsgüter.

b) Buchen Sie die Anschaffung der Wirtschaftsgüter/den Rechnungseingang.

c) Buchen Sie die Banküberweisung.

d) Der Gabelstapler hat eine voraussichtliche Nutzungsdauer i. H. von acht Jahren, die Sackkarre eine i. H. von zwölf Jahren. Die Firma erfüllt nicht die Voraussetzungen i. S. des § 7g EStG. Buchen Sie die für 2020 höchstzulässigen Abschreibungen.

# III. Steuerwesen (38,0 Punkte)

## 1. Aufgabe (3,0 Punkte)

AUFGABE:

Bei den öffentlich-rechtlichen Abgaben unterscheidet man Steuern, steuerliche Nebenleistungen, Gebühren und Beiträge.

Bestimmen Sie durch Ankreuzen, ob es sich bei den nachfolgenden aufgeführten Abgaben um

- Steuern,
- Steuerliche Nebenleistungen,
- Gebühren,
- Beiträge oder
- um keine der vorgenannten öffentlich-rechtlichen Abgaben

handelt:

| | Sachverhalte | Steuern | Steuerliche Neben-leistungen | Gebühren | Beiträge | Keine öffentlich-rechtliche Abgabe |
|---|---|---|---|---|---|---|
| 1. | Für die Vermessung des Grundstücks erhebt das Katasteramt der Gemeinde ... | | | | | |
| 2. | Für den Veranlagungszeitraum 2020 muss Ihre Mandantin einen Solidaritätszuschlag i. H. von 2 579 € entrichten. | | | | | |
| 3. | Ihr Mandant hat sich – erfolglos – versucht gegen einen Bußgeldbescheid für „zu dichtes Auffahren" zu wehren. Das Honorar des Rechtsanwalts beträgt 585 €. | | | | | |
| 4. | Für die Einfuhr neuer Büromöbel entrichtet Ihr Mandant Zölle i. H. von 1 371 €. | | | | | |
| 5. | Die Kommune erhebt von Grundstückseigentümern für die Wasserversorgung, Kanalisation, den Straßenbau usw. in einem Neubaugebiet Erschließungs ... | | | | | |
| 6. | Das Finanzamt setzt gegen einen Mandanten wegen Nichtabgabe der Steuererklärungen 2018 ein Zwangsgeld i. H. von 200 € fest. | | | | | |

## 2. Aufgabe (5,0 Punkte)

Sven Smöre aus Sonderborg (Dänemark) ist als angestellter Segellehrer bei der Yachtschule „Leinen los“ in Flensburg tätig. Sein Bruttoarbeitslohn betrug in 2020 34 620 €. In Dänemark hatte Smöre 2020 Einkünfte i. H. von umgerechnet 5 110 € (Nachweis der dänischen Finanzbehörde liegt vor).

AUFGABE:

Bitte beurteilen Sie die persönliche Einkommensteuerpflicht des Sven Smöre in Deutschland.

## 3. Aufgabe (8,0 Punkte)

Gastwirt Bernhard Klunker gibt seine Umsatzsteuer-Voranmeldungen monatlich ab. Für den Monat Mai 2021 sind u. a. folgende Sachverhalte zu berücksichtigen:

a) Tageseinnahmen aus dem Gaststättenbetrieb — 12 820 €

b) Einnahmen aus dem Außer-Haus-Verkauf von Grillhähnchen — 360 €

c) Einnahmen aus dem Außer-Haus-Verkauf von Flaschenbier — 180 €

d) Bewirtung von Gästen anlässlich der Feier seines 50. Geburtstages. Die Kosten für die Feier betrugen (netto) — 400 €

Fremden Gästen hätte er dafür insgesamt 1 190 € berechnet.

AUFGABE:

Stellen Sie die jeweilige Art des Umsatzes unter Angabe der gesetzlichen Regelung fest, ermitteln Sie die Bemessungsgrundlage und berechnen Sie die jeweils anfallende Umsatzsteuer. Die Ergebnisse sind in die nachfolgende Tabelle einzutragen:

| | Art des Umsatzes | Bemessungsgrundlage | Umsatzsteuer |
|---|---|---|---|
| a) | | | |
| b) | | | |
| c) | | | |
| d) | | | |

## 4. Aufgabe (14,0 Punkte)

Hans Glück hat am 1. 10. 2020 das Mehrfamilienhaus „Bochum, Schlossallee 12“ (Baujahr 1924) von seinem Vater geerbt.

Er hat im November 2020 ein Wertgutachten für das bebaute Grundstück erstellen lassen. Der Gutachter hat den gemeinen Wert des Gebäudes mit 475 000 € und den Wert des Grundstücks mit 150 000 € ermittelt. Die Kosten des Gutachtens haben 625 € betragen und wurden noch im Jahr 2020 von Glück bezahlt.

Der Vater von Hans Glück hatte das bebaute Grundstück im Jahr 1987 für 500 000 € erworben (das Verhältnis des Gebäudewerts zum Bodenanteil entspricht dem Wertverhältnis laut Gutachten).

Glück hat im Jahr 2020 begonnen, das Dachgeschoss des Mehrfamilienhauses auszubauen. Die neu geschaffene Wohnung soll ab Fertigstellung in 2021 ebenfalls vermietet werden. In 2020 hat Glück diesbezüglich bereits eine Anzahlung geleistet. Darüber hinaus hat Glück im Oktober 2020 Balkone an die Fassade des Gebäudes setzen lassen (bisher waren keine Balkone vorhanden). Die Rechnung des Bauunternehmens (insgesamt 7 000 €) hat Glück erst Anfang 2021 erhalten und bezahlt.

Hans Glück legt Ihnen Anfang 2021 folgenden Kontoauszug, das Vermietungsobjekt betreffend, vor:

| | | | |
|---|---|---|---|
| **Sparkasse Bochum** | | Kontoauszug Nr. 1 vom 30. 12. 2020 | Blatt 1 |
| Währung in € | | | |
| **Buch.-Tag** | **Wert** | **Erläuterung/Verwendungszweck** | **Umsatz (S = Soll, H = Haben)** |
| | | Kontostand | 0,00 H |
| 2. 10. | 2. 10. | Bareinzahlung | 1 750,00 H |
| 2. 10. | 2. 10. | Miete Meikamp, Bochum, Schlossallee | 560,00 H |
| 4. 10. | 4. 10. | Miete Bonz, Bochum, Schlossallee | 610,00 H |
| 8. 10. | 8. 10. | HausversicherungDirekt Gebäudeversicherung 10/2020 bis 12/2020 | 140,00 S |
| 10. 10. | 10. 10. | Schulz, Miete 10/2020 | 490,25 H |
| 2. 11. | 2. 11. | Miete Meikamp, Bochum, Schlossallee | 560,00 H |
| 2. 11. | 2. 11. | Miete Bonz, Bochum, Schlossallee | 610,00 H |
| 8. 11. | 8. 11. | Firma „Rohr frei", Reparatur Wasserschaden Schlossallee | 495,00 S |
| 12. 11. | 12. 11. | Schulz, Miete 11/2020 | 490,25 H |
| 15. 11. | 16. 11. | Stadtwerke 10/2020 bis 11/2020 | 404,00 S |
| 20. 11. | 20. 11. | Auszahlung Geldautomat Bochum-City | 200,00 S |
| 3. 12. | 3. 12. | Miete Meikamp, Bochum, Schlossallee | 560,00 H |
| 3. 12. | 3. 12. | Miete Bonz, Bochum, Schlossallee | 610,00 H |
| 11. 12. | 11. 12. | Firma „Der Dachdecker", Anzahlung Ausbau Dachgeschoss Schlossallee | 5 800,00 S |
| 13. 12. | 13. 12. | Valuta GmbH, Gutachten Schlossallee | 625,00 S |
| 18. 12. | 18. 12. | Schulz, Miete 12/2020 und 1/2021 | 980,50 H |
| 15. 12. | 17. 12. | Stadtwerke 12/2020 | 201,00 S |
| 20. 12. | 20. 12. | Stadt Bochum, Grundbesitzabgaben Schlossallee | 237,65 S |
| 30. 12. | 30. 12. | Kontoführung | 27,60 S |
| | | Kontostand | 909,25 S |
| Hans Glück<br>Mietkonto Schlossallee | | | |

AUFGABE:

Ermitteln Sie die Höhe der Einkünfte aus Vermietung und Verpachtung für den Veranlagungszeitraum 2020.

## 5. Aufgabe (8,0 Punkte)

Ludger Listig aus Lübeck, geb. am 1. 5. 1955, lebt seit dem Jahr 2019 von seiner Ehefrau getrennt. Für 2020 macht Herr Listig folgende Angaben:

Bis Ende Juli 2020 war Ludger Listig als Lehrer in Lübeck tätig. Sein Monatsgehalt betrug 3 144 €. Von Januar 2020 bis Juli 2020 fuhr er an insgesamt 120 Tagen mit der Bahn von seiner Wohnung zur Schule nach Lübeck (einfache Entfernung: 38 km; Kosten der Monatsfahrkarte: 120 €). Da Ludger Listig keinen Schreibtisch in der Schule hatte, nutzte er bis Ende Juli 2020 ein häusliches Arbeitszimmer (anteilige Kosten bis Ende Juli 2020: 650 €). Für Fachliteratur und Kontoführung sind 115 € angefallen.

Als Beamter im Ruhestand bezog Listig vom 1. 8. 2020 bis zum 31. 12. 2020 eine Pension i. H. von insgesamt 12 969 €.

Als Kommanditist der Windanlagen-Schleswig KG erhielt Listig in 2021 für 2020 einen Gewinnanteil i. H. von 5 120 €. Seit September 2020 führt Listig als freier Mitarbeiter regelmäßig Seminare für die KG durch. Dafür erhält er monatlich 900 €.

In Lübeck vermietet Ludger Listig eine Eigentumswohnung. Für 2020 hat er zutreffend einen Verlust i. H. von 12 525 € ermittelt.

AUFGABE:

Berechnen Sie den Gesamtbetrag der Einkünfte des Ludger Listig für den Veranlagungszeitraum 2020. Geben Sie dabei bitte die jeweiligen Berechnungen, die Einkunftsart sowie die gesetzliche Vorschrift für die jeweilige Einkunftsart an.

# Klausur 7: Lösungen

## I. Wirtschafts- und Sozialkunde (25,0 Punkte)

### 1. Aufgabe (5,5 Punkte)

a) Die Regelung ist unzulässig. **0,5 P**

Jugendliche unter 18 Jahren dürfen nicht länger als acht bzw. achteinhalb Stunden täglich beschäftigt werden (§ 8 JArbSchG). **1,0 P**

b) Die Regelung ist zulässig. **0,5 P**

In Notfällen dürfen Jugendliche mit vorübergehenden und unaufschiebbaren Arbeiten beschäftigt werden, soweit Erwachsene nicht zur Verfügung stehen. **1,0 P**

Die Mehrarbeit muss innerhalb von drei Wochen durch eine entsprechende Arbeitszeitverkürzung ausgeglichen werden (§ 21 JArbSchG). **1,0 P**

c) Die Regelung ist unzulässig. **0,5 P**

Der Arbeitgeber darf Jugendliche an Berufsschultagen nicht beschäftigen, wenn an diesen Tagen mehr als fünf Unterrichtsstunden von mindestens 45 Minuten erteilt werden (§ 9 Abs. 1 JArbSchG). **1,0 P**

### 2. Aufgabe (6,0 Punkte)

a) Die Druckerei ist mit der Lieferung in Verzug geraten. **1,0 P**

Die Leistung wurde nicht innerhalb der vereinbarten Frist bewirkt. **1,0 P**

Eine Mahnung ist nicht erforderlich, da für die Leistung eine Zeit nach dem Kalender bestimmt ist (§ 286 Abs. 1 und 2 BGB). **1,0 P**

Es liegt ein Verschulden der Druckerei vor. **1,0 P**

b)
1. Erfüllung des Vertrags (§ 376 HGB), **0,5 P**
2. Erfüllung des Vertrags und Schadensersatz (§ 280 Abs. 1 BGB), **0,5 P**
3. Rücktritt vom Vertrag (§ 376 HGB) und **0,5 P**
4. Schadensersatz wegen Nichterfüllung (§ 376 HGB). **0,5 P**

### 3. Aufgabe (4,0 Punkte)

a) Die Bürgschaftserklärung muss gegenüber der Bank abgegeben werden (§ 765 BGB). **1,0 P**

Die Bürgschaftserklärung muss schriftlich erfolgen (§ 766 BGB). **1,0 P**

b) **Gewöhnliche Bürgschaft:**

Der Bürge hat das Recht zur Einrede der Vorausklage (§ 771 BGB). Übt er dieses Recht aus, muss die Bank zunächst erfolglos die Zwangsvollstreckung gegen Frau Stadtmann betreiben. Erst dann kann der Bürge in Anspruch genommen werden. Der Bürge kann auch auf die Ausübung dieses Rechts verzichten und dann sofort in Anspruch genommen werden. **1,0 P**

**Selbstschuldnerische Bürgschaft:**

Der Bürge kann ohne den Versuch einer Zwangsvollstreckung sofort in Anspruch genommen werden, falls er auf die Einrede der Vorausklage verzichtet hat (§ 773 Abs. 1 Nr. 1 BGB). **1,0 P**

ERGÄNZENDER HINWEIS:

Falls ein Kaufmann sich verbürgt, ist eine Bürgschaft i. S. des § 349 HGB grundsätzlich selbstschuldnerisch. Dabei ist darauf zu achten, dass die Bürgschaft für den Kaufmann ein Handelsgeschäft darstellt und er die Bürgschaft nicht als Privatperson eingeht.

## 4. Aufgabe (4,0 Punkte)

a) Offene Zession (§ 398 BGB). **1,0 P**

b) 1. Die Forderungen können bereits abgetreten sein. **1,0 P**

2. Der Kreditnehmer führt die Zahlungseingänge nicht ab. **1,0 P**

3. Die Forderungen können uneinbringlich sein. **1,0 P**

## 5. Aufgabe (5,5 Punkte)

a) **Zahnarzt:**

Der Zahnarzt ist kein Kaufmann i. S. des HGB. **0,5 P**

Es liegt kein gewerbliches Unternehmen vor (Freiberufler). **0,5 P**

b) **Schreibwaren-Einzelhandel:**

Der Schreibwaren-Einzelhändler ist Kaufmann i. S. des HGB. **0,5 P**

Es handelt sich um ein gewerbliches Unternehmen. **0,5 P**

Die Eintragung ins Handelsregister ist erfolgt. **0,5 P**

c) **Handelsvertreter:**

Der Handelsvertreter ist kein Kaufmann i. S. des HGB. **0,5 P**

Es liegt zwar ein gewerbliches Unternehmen vor, aber es ist kein kaufmännischer Geschäftsbetrieb erforderlich. **0,5 P**

Es ist keine Eintragung im Handelsregister erfolgt. **0,5 P**

d) **Steuerberatungsgesellschaft mbH:**

Die Steuerberatungsgesellschaft mbH ist Kaufmann i. S. des HGB (§ 6 Abs. 1 HGB i. V. mit § 13 Abs. 3 GmbHG). **0,5 P**

Es handelt sich um ein gewerbliches Unternehmen. **0,5 P**

Die Eintragung ins Handelsregister ist erfolgt (§ 11 Abs. 1 GmbHG). **0,5 P**

# II. Rechnungswesen (37,0 Punkte)

**Vorbemerkung zu den Kontenbezeichnungen in den Lösungen:**
Die §§ 266, 275 HGB regeln, welche Posten in der Bilanz und in der GuV auszuweisen sind. Das HGB schreibt aber kein bestimmtes Buchführungssystem vor und damit auch nicht die Bezeichnung der Konten. Gleichwohl müssen die Geschäftsvorfälle so gebucht werden, dass ein Überblick über die Vermögens- und Ertragslage gewährleistet ist. Aus steuerlichen Gründen (z. B. Umsatzsteuer, einkommensteuerliches Teileinkünfteverfahren) bietet es sich an, bereits bei der Buchung der laufenden Geschäftsvorfälle die steuerlichen Konsequenzen im Blick zu haben und entsprechend differenziert zu buchen. In der Praxis ist vor diesem Hintergrund der „DATEV-E-Bilanz-Standardkontenrahmen (SKR) 03“ sehr stark verbreitet. Die Kontenbezeichnungen in den Lösungen entsprechen weitgehend dem SKR 03. In den Lösungen zu den Klausuren werden jedoch regelmäßig auch andere zutreffende Kontenbezeichnungen zugelassen, wenn sich aus der Aufgabenstellung nichts anderes ergibt.

ERGÄNZENDER HINWEIS:

Der Umsatzsteuerregelsatz beträgt für Leistungen von Juli 2020 bis Dezember 2020 16 % (statt 19 %); der ermäßigte Steuersatz beträgt in diesem Zeitraum 5 % (statt 7 %).

## 1. Aufgabe (12,0 Punkte)

a) **Bilanz zum 31. 12. 2020 (in €)**

| **Aktiva** | | | **Passiva** |
|---|---|---|---|
| BGA | 22 246 | Kapital | 107 425 |
| Fuhrpark | 47 516 | Verbindl. aus LuL | 109 416 |
| Forderungen aus LuL | 134 278 | Umsatzsteuerschuld | 3 222 |
| Warenbestand | 12 423 | | |
| Kasse | 478 | | |
| Bank | 3 122 | | |
| | 220 063 | | 220 063 |

**5,0 P**

**GuV-Rechnung (in €)**

| **Aufwendungen** | | | **Erträge** |
|---|---|---|---|
| Wareneingang | 145 456 | Erlöse | 458 887 |
| Warenbestandsveränderung | ./. 6 715 | | |
| Löhne und Gehälter | 84 321 | | |
| Fahrzeugkosten | 19 412 | | |
| Mietaufwendungen | 9 000 | | |
| AfA | 4 850 | | |
| Sonst. Betriebsausgaben | 13 557 | | |
| Gewinn | 189 006 | | |
| | 458 887 | | 458 887 |

**5,0 P**

b) **Kapitalentwicklung:**

| | | |
|---|---|---|
| Kapital 1. 1. 2020 | 28 512 € | |
| + Einlagen | 2 200 € | |
| + Gewinn | 189 006 € | |
| = | 219 718 € | |
| ./. Entnahmen | 112 293 € | |
| = Kapital 31. 12. 2020 | 107 425 € | **2,0 P** |

## 2. Aufgabe (9,0 Punkte)

**Buchungen:**

| | | | | | |
|---|---|---|---|---|---|
| a) | Verbindl. aus LuL | 22 412 € | an | Schuldwechsel | 22 412 € |
| | | | | | **1,0 P** |
| b) | Verbindl. aus LuL | 6 664,00 € | an | Bank | 6 530,72 € |
| | | | an | Erhaltene Skonti | 112,00 € |
| | | | an | Vorsteuer | 21,28 € |
| | | | | | **2,0 P** |
| c) | Bank | 4 848,06 € | | | |
| | Gewährte Skonti | 126,00 € | | | |
| | Umsatzsteuer | 23,94 € | an | Forderungen aus LuL | 4 998,00 € |
| | | | | | **2,0 P** |
| d) | Schuldwechsel | 12 000 € | | | |
| | Nebenkosten des Geldverkehrs | 132 € | an | Bank | 12 132 € |
| | | | | | **1,5 P** |
| e) | Bank | 7 299,50 € | | | |
| | Diskontaufwand | 150,00 € | | | |
| | Umsatzsteuer | 28,50 € | | | |
| | Nebenkosten des Geldverkehrs | 22,00 € | an | Besitzwechsel | 7 500,00 € |
| | | | | | **2,5 P** |

## 3. Aufgabe (4,0 Punkte)

| | Geschäftsvorfälle | Gewinn |
|---|---|---|
| a) | Die Bruttobuchung der Löhne für den Monat Mai 2020 erfolgt i. H. von 21 000 €. Es werden 13 250 € ausgezahlt. Der Arbeitgeberanteil zur Sozialversicherung beträgt 4 463 €. | ./. 25 463 € **1,0 P** |
| b) | Eine private Entnahme von Baustoffen im März 2020 muss noch gebucht werden. Der Einkaufspreis (= Teilwert) betrug 800 € netto, der Verkaufspreis hätte 1 044 € einschließlich Umsatzsteuer betragen. | + 800 € **1,0 P** |
| c) | Der Schornsteinfeger bestätigt die Barzahlung der Kehrgebühren im April 2020 für das Betriebsgrundstück i. H. von 26,66 € mit einer ordnungsgemäßen Quittung. | ./. 22,40 € **1,0 P** |
| d) | Ein Kunde überweist 15 470 € zum Ausgleich einer bereits gebuchten Ausgangsrechnung über 13 000 € zzgl. 19 % Umsatzsteuer auf das betriebliche Bankkonto. | 0 € **1,0 P** |

## 4. Aufgabe (4,0 Punkte)

a) **AfA bis zur Entnahme:**

**Buchung:**

| | | | | |
|---|---|---|---|---|
| Abschreibungen ($^{5}/_{12}$ von 3 600 €) | 1 500 € | an | Fuhrpark | 1 500 € |
| | | | | **1,0 P** |

b) **Anlagenabgang:**

**Buchung:**

| | | | | |
|---|---|---|---|---|
| Anlagenabgang | 3 900 € | an | Fuhrpark | 3 900 € |
| | | | | **1,0 P** |

c) **Entnahme:**

**Buchung:**

| | | | | |
|---|---|---|---|---|
| Privatentnahme | 9 996 € | an | Entnahme | 8 400 € |
| | | an | Umsatzsteuer | 1 596 € |
| | | | | **2,0 P** |

ERGÄNZENDE HINWEISE:

Einkommensteuer: Bewertung der Entnahme gem. § 6 Abs. 1 Nr. 4 EStG: Teilwert (Schätzung anhand der Wiederbeschaffungskosten).

Umsatzsteuer: Bemessungsgrundlage für die unentgeltliche Lieferung i. S. des § 3 Abs. 1b Satz 1 Nr. 1 UStG: Einkaufspreis zzgl. Nebenkosten zum Zeitpunkt des Umsatzes.

## 5. Aufgabe (8,0 Punkte)

a) **Anschaffungskosten:**

| | Gabelstapler | Sackkarre |
|---|---|---|
| Nettokaufpreis | 32 440 € | 410,00 € |
| + Anschaffungsnebenkosten | 1 660 € | 0 € |
| ./. 3 % Skonto | 1 023 € | 12,30 € |
| = Anschaffungskosten | 33 077 € | 397,70 € |
| | **1,5 P** | **1,5 P** |

b) **Anschaffung der Wirtschaftsgüter/Rechnungseingang:**

**Buchung:**

| | | | | |
|---|---|---|---|---|
| Transportmittel | 34 100,00 € | | | |
| GWG | 410,00 € | | | |
| Vorsteuer | 6 556,90 € | an | Sonstige Verbindl. | 41 066,90 € |
| | | | | **1,5 P** |

c) **Banküberweisung:**

**Buchung:**

| | | | | |
|---|---|---|---|---|
| Sonstige Verbindl. | 41 066,90 € | an | Bank | 39 834,89 € |
| | | an | Transportmittel | 1 023,00 € |
| | | an | GWG | 12,30 € |
| | | an | Vorsteuer | 196,71 € |
| | | | | **1,5 P** |

d) **Abschreibungen:**

**Buchungen:**

| | | | | |
|---|---|---|---|---|
| Sofortabschreibung GWG | 397,70 € | an | GWG | 397,70 € |
| | | | | **1,0 P** |

und

| | | | | |
|---|---|---|---|---|
| AfA Anlagevermögen (degressiv $^1/_8 \times 2{,}5$ (max: 25 %) $\times\, ^{11}/_{12} \times 33\,077$ €) | 7 580,15 € | an | Transportmittel | 7 580,15 € |
| | | | | **1,0 P** |

# III. Steuerwesen (38,0 Punkte)

## 1. Aufgabe (3,0 Punkte)

| | Sachverhalte | Steuern | Steuerliche Neben-leistungen | Gebühren | Beiträge | Keine öffentlich-rechtliche Abgabe |
|---|---|---|---|---|---|---|
| 1. | Für die Vermessung des Grundstücks erhebt das Katasteramt der Gemeinde ... **0,5 P** | | | X | | |
| 2. | Für den Veranlagungszeitraum 2020 muss Ihre Mandantin einen Solidaritätszuschlag i. H. von 2 579 € entrichten. **0,5 P** | X | | | | |
| 3. | Ihr Mandant hat sich – erfolglos – versucht gegen einen Bußgeldbescheid für „zu dichtes Auffahren" zu wehren. Das Honorar des Rechtsanwalts beträgt 585 €. **0,5 P** | | | | | X |
| 4. | Für die Einfuhr neuer Büromöbel entrichtet Ihr Mandant Zölle i. H. von 1 371 €. **0,5 P** | X | | | | |
| 5. | Die Kommune erhebt von Grundstückseigentümern für die Wasserversorgung, Kanalisation, den Straßenbau usw. in einem Neubaugebiet Erschließungs ... **0,5 P** | | | | X | |
| 6. | Das Finanzamt setzt gegen einen Mandanten wegen Nichtabgabe der Steuererklärungen 2018 ein Zwangsgeld i. H. von 200 € fest. **0,5 P** | | X | | | |

## 2. Aufgabe (5,0 Punkte)

Sven Smöre hat weder einen Wohnsitz noch einen gewöhnlichen Aufenthalt in Deutschland (**1,0 P**), daher ist er mit seinen inländischen Einkünften beschränkt einkommensteuerpflichtig (**1,0 P**). **2,0 P**

Er kann gem. § 1 Abs. 3 EStG einen Antrag auf unbeschränkte Steuerpflicht stellen, denn

1. Sven Smöre erzielt inländische Einkünfte, **1,0 P**
2. die nicht der deutschen Einkommensteuer unterliegenden Einkünfte übersteigen nicht den Grundfreibetrag i. H. von 9 408 € und **1,0 P**
3. eine Bescheinigung der dänischen Finanzbehörde liegt vor. **1,0 P**

## 3. Aufgabe (8,0 Punkte)

| | Art des Umsatzes | | Bemessungsgrundlage | Umsatzsteuer |
|---|---|---|---|---|
| a) | Sonstige Leistung*<br>(§ 3 Abs. 9 UStG) | **1,0 P** | 10 773,11 € | 2 046,89 €<br>**1,0 P** |
| b) | Lieferung<br>(§ 3 Abs. 1 UStG) | **1,0 P** | 336,45 € | 23,55 €<br>**1,0 P** |
| c) | Lieferung<br>(§ 3 Abs. 1 UStG) | **1,0 P** | 151,26 € | 28,74 €<br>**1,0 P** |
| d) | Sonstige Leistung<br>(§ 3 Abs. 9a Nr. 2 UStG) | **1,0 P** | 400 € | 76 €<br>**1,0 P** |

* Grund: Charakter der Dienstleistung überwiegt.

## 4. Aufgabe (14,0 Punkte)

**Ermittlung der Einkünfte des Hans Glück aus Vermietung und Verpachtung für das Jahr 2020:**

**Einnahmen**

| | | | |
|---|---|---|---|
| Mieteinnahmen | | 5 471 € | **1,0 P** |
| **Werbungskosten** | | | |
| Gebäudeversicherung | 140,00 € | | **0,5 P** |
| Instandhaltungen (Wasserschaden) | 495,00 € | | **0,5 P** |
| Laufende Betriebskosten (Stadtwerke) | 605,00 € | | **0,5 P** |
| Grundbesitzabgaben | 237,65 € | | **0,5 P** |
| Kosten Geldverkehr (Kontoführung) | 27,60 € | | **0,5 P** |

**Abschreibung**

AfA des Rechtsvorgängers wird fortgesetzt. **2,0 P**

| | | | | |
|---|---|---|---|---|
| Anschaffungskosten | 500 000 € | | | |
| Anteil Grund und Boden | | | | |
| (vgl. Gutachten $^{150}/_{625}$) | ./. 120 000 € | | | 1,5 P |
| Gebäudewert | 380 000 € | | | |
| zzgl. nachträgliche Herstellungs-kosten (Balkone) | 7 000 € | | | 2,0 P |
| Bemessungsgrundlage | 387 000 € | | | |
| Abschreibung 2,5 % × $^{3}/_{12}$ = | | 2 418,75 € | | 1,0 P |
| Werbungskosten insgesamt | | | 3 924 € | 0,5 P |
| Einkünfte aus Vermietung und Verpachtung | | | 1 547 € | 0,5 P |

ERGÄNZENDER HINWEIS:

Die Zahlung des Mieters Schulz (Miete 1/2021) ist dem Jahr 2020 zuzurechnen, da sie außerhalb eines „kurzen Zeitraums“ (zehn Tage) um die Jahreswende gezahlt wird. Die Ausnahmeregelung i. S. des § 11 Abs. 1 Satz 2 EStG findet daher keine Anwendung.

---

**Hinweis für die Punktevergabe:**

| | |
|---|---|
| Kein Ansatz der Kosten des Wertgutachtens. | 1,0 P |
| Keine Berücksichtigung der Anzahlung für den Dachausbau. | 2,0 P |

## 5. Aufgabe (8,0 Punkte)

**Ermittlung des Gesamtbetrags der Einkünfte des Ludger Listig für den Veranlagungszeitraum 2020:**

- **Einkünfte aus Gewerbebetrieb (Windanlagen-Schleswig KG)**

| | | | |
|---|---|---|---|
| Gewinnanteil | 5 120 € | | 0,5 P |
| + Tätigkeitsvergütung (900 € x 4 Monate =) | 3 600 € | | 1,0 P |
| = Einkünfte aus Gewerbebetrieb gem. § 15 Abs. 1 Satz 1 Nr. 2 EStG | | 8 720 € | 0,5 P |

- **Einkünfte aus nichtselbständiger Arbeit, § 19 Abs. 1 Satz 1 Nr. 1 und 2 EStG**

| | | |
|---|---|---|
| **Einnahmen** | | |
| Arbeitslohn (3 144 € x 7 Monate =) | 22 008 € | 0,5 P |
| ./. **Werbungskosten** | | |
| Entfernungspauschale: | | |
| 120 Tage x 38 km x 0,30 € = | ./. 1 368 € | 0,5 P |

| | | | |
|---|---|---|---|
| Fachliteratur/Kontoführung | ./. 115 € | | **0,5 P** |
| Kosten des häuslichen Arbeitszimmers | ./. 650 € | | **0,5 P** |
| = verbleiben | | 19 875 € | |
| Versorgungsbezüge | 12 969 € | | **0,5 P** |
| ./. Versorgungs-Freibetrag: | | | |
| Pension monatlich 2 593,80 € x 12 x 16,0 % x $^5/_{12}$, | | | |
| höchstens 1 200 € x $^5/_{12}$ = | ./. 500 € | | **1,0 P** |
| ./. Zuschlag zum Versorgungs-Freibetrag: | | | |
| 360 € x $^5/_{12}$ = | ./. 150 € | | **0,5 P** |
| ./. Werbungskosten-Pauschbetrag | ./. 102 € | | |
| = verbleiben | | 12 217 € | |
| = Einkünfte aus nichtselbständiger Arbeit | | 32 092 € | |
| ► **Einkünfte aus Vermietung und Verpachtung** | | | |
| gem. § 21 Abs. 1 Satz 1 Nr. 1 EStG | | ./. 12 525 € | **0,5 P** |
| Summe der Einkünfte | | 28 287 € | **0,5 P** |
| ./. Altersentlastungsbetrag, § 24a EStG | | | |
| Arbeitslohn | 22 008 € | | |
| + positive Summe übriger Einkünfte | 0 € | | |
| = Bemessungsgrundlage | 22 008 € | | **0,5 P** |
| davon 16,0 % (= 3 521 €), höchstens | | ./. 760 € | **0,5 P** |
| = Gesamtbetrag der Einkünfte für 2020 | | 27 527 € | |